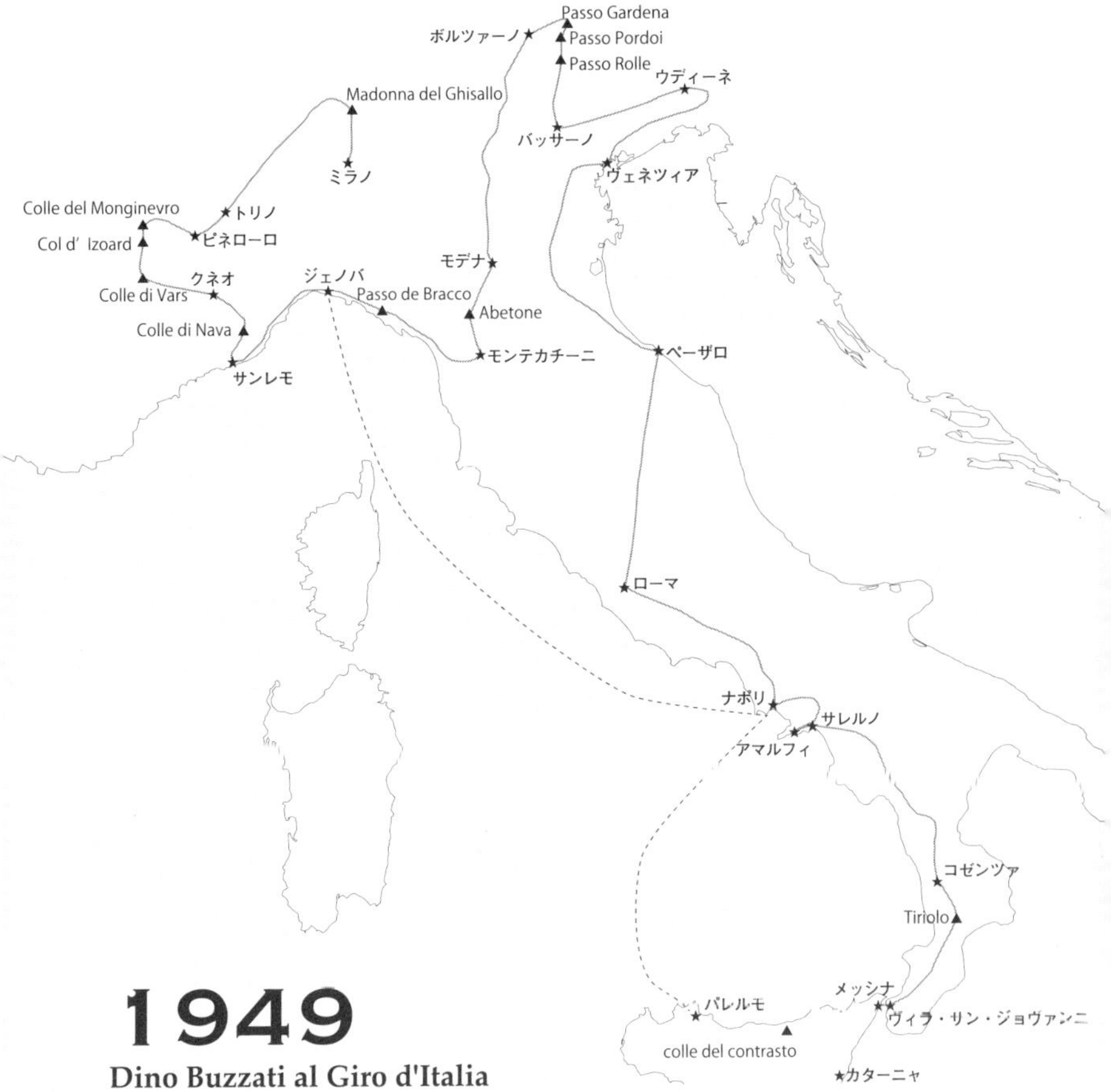

1949
Dino Buzzati al Giro d'Italia

ブッツァーティのジロ帯同記

1949年、コッピ対バルタリのジロ・ディ・イタリアを追う

ディーノ・ブッツァーティ／安家達也訳

未知谷
Publisher Michitani

序

クラウディオ・マラビーニ

この帯同記を読んだ時のことは忘れられない。一九四九年のことだった。私はまだ若く、ファウスト・コッピに一目置いていたが、御多分に洩れずバルタリのファンで、特に新聞の記事を熱心に読んでいた。だからコッリエーレ・デッラ・セーラ紙がディーノ・ブッツァーティをジロへ帯同させたときの驚きと嬉しさと言ったら。そして最初の記事で、それが典型的なブッツァーティの文章で、いつもの彼のルポルタージュと同様、ファンタジーが現実を圧倒し、呑み込み、そこから何か別のものが作り出されているのがわかった。

ブッツァーティはすでに長篇小説「山のバルナボ」（一九三三年）、「古森の秘密」（一九三五年）、「タタール人の砂漠」（一九四〇年）、短篇集「七人の使者」（一九四二年）などで知られていた。そして、最初は従軍記者、その後は特派員やコラムニストとして書いたコッリエーレ・デッラ・セーラ紙のたくさんの記事でも有名だった。ブッツァーティがジロについて報告を始めるやすぐに、彼がそこから自分らしい物語だけでなく、統一性のある話を作ろうとしているのがわかった。そのために、ジロは滅多にないようなぴったりの構造を彼に提供してくれたのだ。ジロを背景に、名もなき群衆の顔を持ったちっぽけな人々が通って行った。それは戦争が終わってすぐ、私たちみんながより良い未来への希望に満ち満ちて再発見した一つのイタリアの姿だった。ジロは毎朝新たに生まれ、毎晩再び消え去る自分自身の物語を語った。その前では「時」に見捨てられた一人の男のドラマが演じられていた。「老」ジノ・バルタリだ。彼は間も無くホメロスの叙事詩に出てくる英雄ヘクトルの名で呼ばれることになる。そして、運命に導かれた「絶好のチャンス」を利用して彼を打ち倒すアキレス、つまりファウスト・コッピのより若く輝かしい姿に対置される。

ナポリからのレポートでブッツァーティは、コッピがサレルノから五〇キロ地点のプラトラでアタックし、「老バルタリ」がしばし困窮に陥ったシーンでこう書いている。「老いた獅子バルタリに、遅かれ早かれいずれ来るはずの日、それがこの日なのか。その至高の時が過ぎ、ついに青春の時が潰えるのか？（中略）いつの日にか、そうした神秘的な才能が無くなることは君も知っている。レースの最中にまったく突然、君は奇妙な孤独を感じるだろう。それは戦いのさなか、命令を下そうと振り返ると自らの軍勢が魔法のように消えていた王が感じるような孤独。そんな恐るべき瞬間がくるだろう。しかしそれはいつ？　君にはそれはわからない。それは（中略）今日かもしれない」

ここで語っているのは「タタール人の砂漠」の作者ブッツァーティだ。時空の極限を越えて現実を広げ、地平線の背後に隠れている敵の決定的な攻撃、あるいは栄誉（これはどちらでも同じことだ）を待つ「タタール人の砂漠」の語り手ドローゴだ。記事の最初からブッツァーティは軍隊の比喩を用い、それを守り続ける。選手たちは、雨、風、登り坂、無限の距離という「敵」に向かって行軍する小さなたくさんの兵士として描かれ、彼らの背後には作戦や戦術や罠などを考え出す、謎めいた参謀本部や士官や下士官がいる。戦争が判決を下す。騙しようのない真の「敵」である高い山々、カフカの裁判所のように高くそびえるドロミテやアルプスが。「裁判官たちは、というのはつまり山のことだが、謎めいた沈黙を守り……」

これは私たちがよく知るブッツァーティだ。小説「ある愛」（一九六三年）で彼の語り口が変化し、文体とテーマが変わり（ドローゴを生み出した作者が完全に消えることはないが）、彼は絵画やコミックや美術評論を手がけるようになる。だが、私たちにとって真のブッツァーティは、（もちろんそれぞれの世代にそのブッツァーティがいるだろう、おそらくそれぞれの世代に「タタール人の砂漠」があったし、これからもあるだろう）判決を待つこのブッツァーティだ。加えて、このブッツァーティはファシズムが終わり、冷戦へ向かう時代に完全に適応していることも言っておかなければならない。つまり敵がはっきりした時代だ。脅威は常にあり、待つことが日常になり神経がすり減らされていく時代。

このテーマはもっと深めることも可能だろう（論評されることの少ないブッツァーティの政治的・社会的ポジションの源《みなもと》を明示することもできるかもしれない）。さて、バルタリ＝

ヘクトールにとって決定的な瞬間はイゾアール峠でやってきた。しかしこの時、人と状況はすでに奈落の縁でもつれて一つのかたまりになっていた。「この」ブッツァーティではいつもそうだったように、人は状況に吸収され、より高い方程式のための一要素にすぎなくなった。「タタール人の砂漠」での砂漠のように、ジロは空間的な次元になり、時間は流れず、事物を垂直に掘っていく。できるのは待つことだけ。ともかくもジロもまた、終わってしまったという虚しさの中で消えていくことになる。ブッツァーティは、すべてが終わった時にこう書く。「人は時の経つのがいかに速いか、人生がいかに短いかに気がつく」

もちろんこのジロの物語には、もっと多くのことが含まれている。ここにはイタリア人たちの倫理意識が建て直されていく戦後の雰囲気や、各地域・地方の発見や（12章、ローマからペーザロへのアペニン山脈縦断を見よ）、廃墟や哀悼の思いや（11章、死者たちが蘇るモンテ・カッシーノのすばらしい章）、トリエステを巡る控えめな愛国心などがある。ジャーナリスト、ブッツァーティは出来事を嗅ぎ分け、物語を見抜く鋭い勘を、他に類を見ないほど備えていて、それが彼の文学に常に養分を与えていたことを忘れてはならない。要するにジャーナリズムと文学、報告と物語、事実とファンタジーが、彼の中で非常に密接に結びついていたから、彼の持つ神秘的な天賦の才によって、そのような奇跡的なシーンが起きるのではないかとすら思いたくなるのだ。

バルタリ＝ヘクトールは、ブッツァーティの作品におけるバルナボやドローゴや「使者たち」や、他のすでに存在している、あるいはこの後存在することになる登場人物たちと並ぶ権利を持っている。ジャーナリストという職業は作家のための金鉱であり、作家はその金鉱を、現実と遊びの世界の区別がつかない子供のように、自然さと純真な勤勉さ（職業とはまた勤勉に義務を果たすことでもある）をもって採掘する。各ステージのゴール地点で時間に追われながらしたため、新聞社に口述したブッツァーティの帯同記は、完璧なまでにジャーナリストの面と作家の面が融合していた。ブッツァーティ夫人アルメリーナが大切に保管していたノートブックがある。それは残念ながら一部だけだが、不安定な車の中で（ブッツァーティはコッリエーレ紙のスポーツレポーター、チロ・ヴァッレッティと一緒に乗っていた）いくつかのスケッチを添えながら殴り書きしたもので、その最初のページを見れば、いかにファンタジーが現実を食い尽くすか、そして自然という現実の単純さから、いかに小説や物語が作られるかがわかる。「クネオ――雨――レインジャケットを着た選

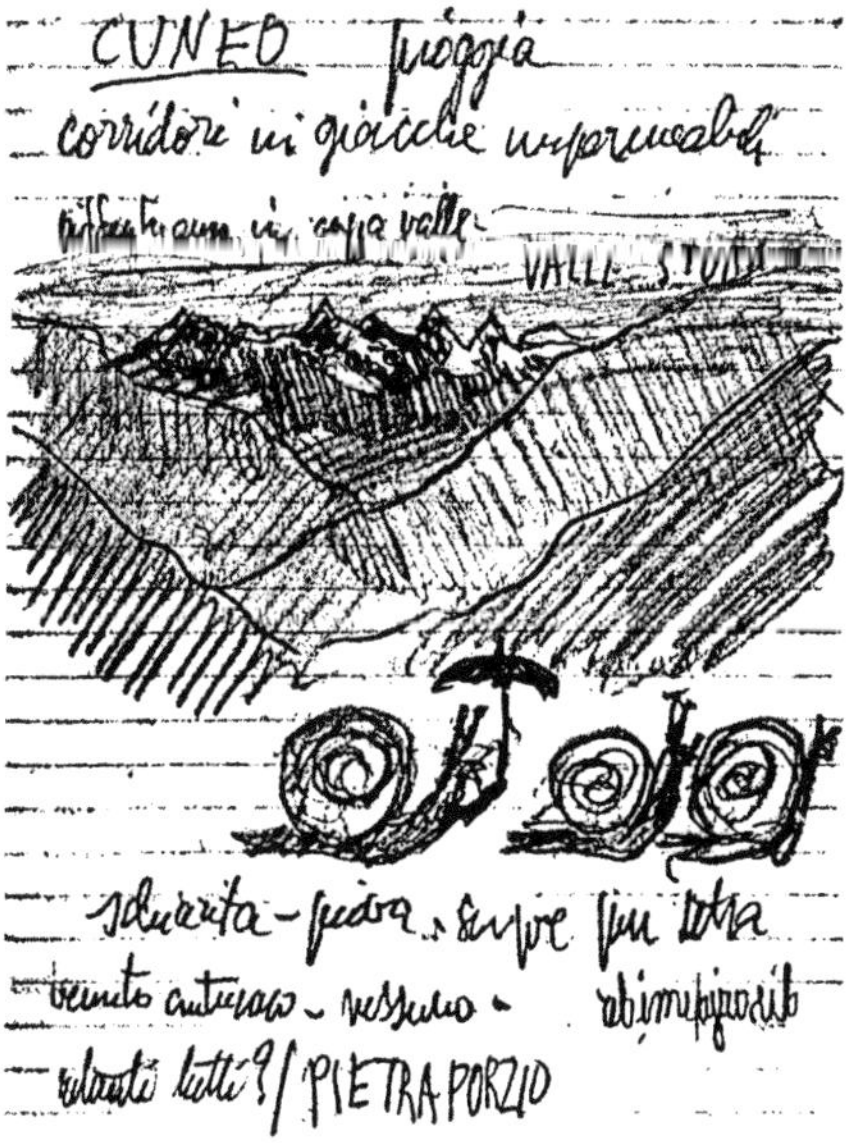

手たち——私たちは暗い谷間へ突進する——ヴァレ・ストゥーラ渓谷（谷のスケッチに三匹のカタツムリ）——晴れ間——雨——ますます暗くなる——秋がきた——誰もいない——不快な湿気（これは鏡文字）——みんな撤収か？——ピエトラポルツィオ——晴れ間——アルジェンテーラ——やんだ——太陽——雨雲は去った——一人が逃げる（赤）——他の選手たちが追う——コッピがアタック、続いてヴォルピ、それから二人、そしてバルタリ（……）——不恰好な松——暗い谷間で再び登りが始まる……」

このメモでは、事実は暗示的でわずかだが、正確であることが重んじられている。ブッツァーティは事実を乗り越えるだけではなく、それをすでに知っているかのような印象を与える。バルタリ＝ヘクトールの失脚は単に予見できるだけでなく、すでに確定しているのである。時間との戦いでは、あらゆるものの敗北が予見できるし、確定しているのだから。すべてはすでに準備されていて、あとは書き記すだけであるかのようだ。そしてブッツァーティが、ここでのように、すでに書かれていることを読み上げているにすぎないかのような書き方をしたことはほとんどない。ここでのように、現実が虚しさの究極の表情を見せ、他のどこかですでに存在している物語の鏡にならなければならないかのような書き方をしたことはほぼないのである。

（イタリアのジャーナリスト、作家、文芸評論家）

ブッツァーティのジロ帯同記

目次

ブッツァーティのジロ帯同記

＊一九四九年、コッピ対バルタリのジロ・ディ・イタリアを追う

1949年第32回ジロ・ディ・イタリア

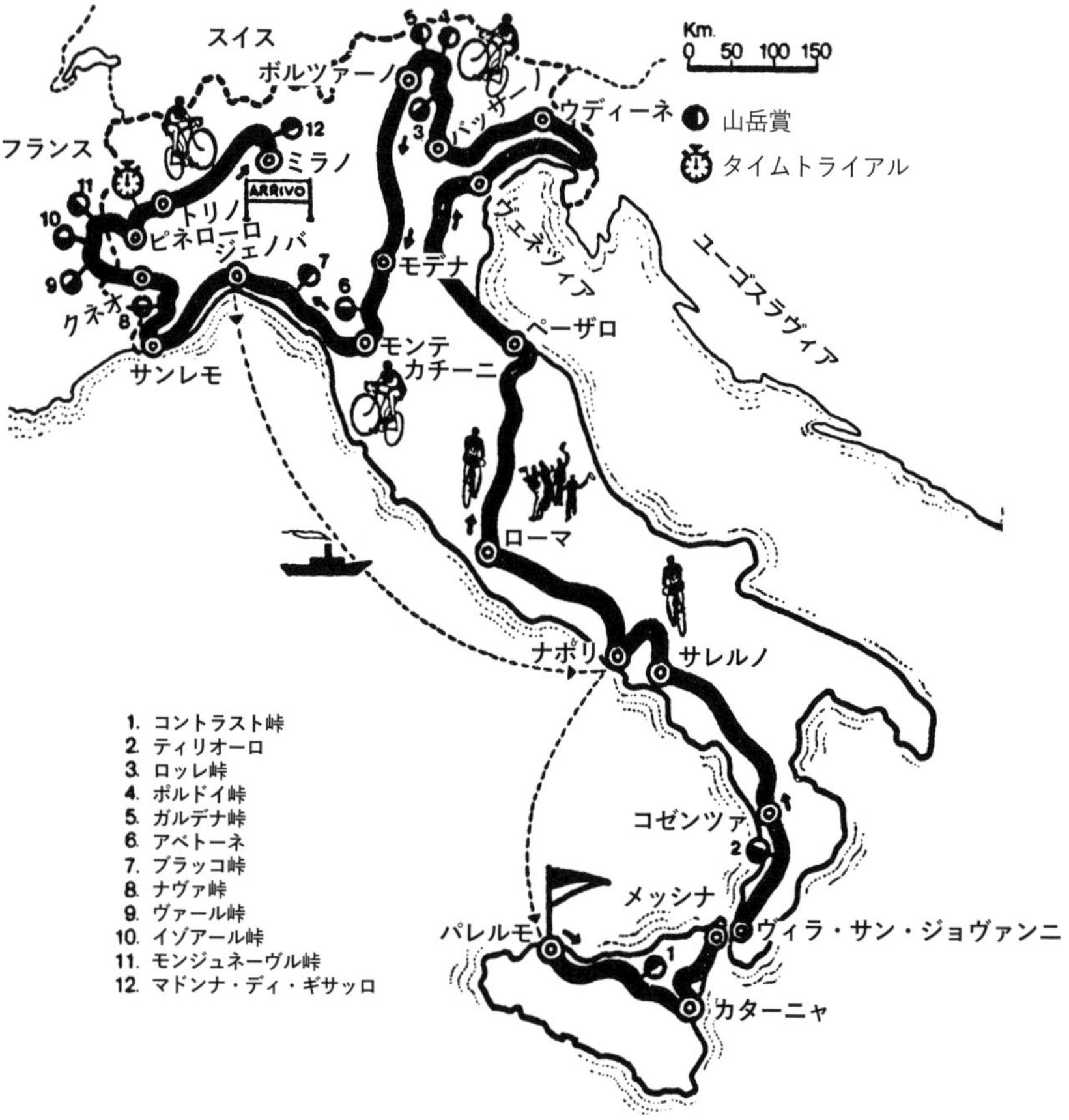

スイス
フランス
Km.
0 50 100 150
山岳賞
タイムトライアル
ボルツァーノ
バッサーノ
ウディーネ
ミラノ
ARRIVO
トリノ
ピネローロ
ジェノバ
クネオ
サンレモ
モデナ
モンテ
カチーニ
ヴェネツィア
ユーゴスラヴィア
ペーザロ
ローマ
ナポリ
サレルノ
コゼンツァ
メッシナ
ヴィラ・サン・ジョヴァンニ
パレルモ
カターニャ
1. コントラスト峠
2. ティリオーロ
3. ロッレ峠
4. ポルドイ峠
5. ガルデナ峠
6. アベトーネ
7. ブラッコ峠
8. ナヴァ峠
9. ヴァール峠
10. イゾアール峠
11. モンジュネーヴル峠
12. マドンナ・ディ・ギサッロ

5月21日　第1ステージ：パレルモ〜カターニャ（261 km）
山岳賞　コントラスト峠
5月22日　第2ステージ：カターニャ〜メッシナ（163 km）
5月23日　第3ステージ：ヴィラ・サン・ジョヴァンニ〜コゼンツァ
山岳賞　ティリオーロ　（214 km）
5月24日　第4ステージ：コゼンツァ〜サレルノ（292 km）
5月26日　第5ステージ：サレルノ〜ナポリ（161 km）
5月27日　第6ステージ：ナポリ〜ローマ（233 km）
5月28日　第7ステージ：ローマ〜ペーザロ（298 km）
5月29日　第8ステージ：ペーザロ〜ヴェネツィア（273 km）
5月31日　第9ステージ：ヴェネツィア〜ウディーネ（249 km）
6月1日　第10ステージ：ウディーネ〜バッサーノ・デル・グラッパ（154 km）
6月2日　第11ステージ：バッサーノ・デル・グラッパ〜ボルツァーノ
山岳賞　ロッレ峠、ポルドイ峠、ガルデナ峠　（237 km）
6月4日　第12ステージ：ボルツァーノ〜モデナ（253 km）
6月5日　第13ステージ：モデナ〜モンテカチーニ・テルメ（160 km）
山岳賞　アベトーネ
6月6日　第14ステージ：モンテカチーニ・テルメ〜ジェノバ
山岳賞　ブラッコ峠　（228 km）
6月7日　第15ステージ：ジェノバ〜サンレモ（136 km）
6月9日　第16ステージ：サンレモ〜クネオ（190 km）
山岳賞　ナヴァ峠
6月10日　第17ステージ：クネオ〜ピネローロ（254 km）
山岳賞　ヴァール峠、イゾアール峠、モンジュネーヴル峠
6月11日　第18ステージ：ピネローロ〜トリノ（個人TT, 65km）
6月12日　第19ステージ：トリノ〜モンツァ（267km）
山岳賞　マドンナ・ディ・ギサッロ

1

街道の「下僕」は夜、大西洋フェリーで夢を見る

沖合を航行中のサトゥルニア号にて　5月17日夜

二等船室223のドアをそっと開けてみる。暗い。そして送風機の音楽的な囁き。ここにはルシアン・ボイセ、ロヒェル・ミッシーネ、ジェフ・ファン・デル・ヘルスト、ピノ・セラミが横になっている。みんな寝ている。

船室234のドアも開けてみる。ここも暗い。アルベルト・デュブユイッソンとジャン・ルサージュの寝台がある。彼らも寝ている。右も左も、誰もいない長い廊下の白いドアの後ろでは、他にもキューブラー、ローリ、モナーリ、ヴァレンタ、コンテ、クリッパらが寝ている。彼らは慎ましやかなエンジンの唸り声と共に夜のティレニア海を運ばれていく、煌々と輝く船によって。小舟に乗った漁師たちは、遠くからその船を蜃気楼のように見るに違いない。そしてそれがなんであるかを知っているのに、お互いに合図を送り合い、呼びかけ合いながらもほとんど信じられない思いでいるのだ。

ボイセ、ミッシーネ、ファン・デル・ヘルスト、セラミ、その他よく知られた名前、知らない名前。明日の早朝ナポリに着き、晩にはさらに別の船に乗る。明後日パレルモに到着する。それからさらに一日置いてサドルにまたがり、足をペダルに差し入れて出発しスピードを上げる、大冒険へ向かって。今夜は、明るく光を発する巨船の上で、みんなの夢はまだ軽やかであるに違いない。

　実際には今朝ジェノヴァで、つまり皮肉な話だがこの船に乗ることで、第32回目のジロ・ディ・イタリアが始まったのである。しかし今夜サトゥルニア号に乗って旅をしているのはジロの一部だけだ。チームマネージャー、テクニカルディレクター、メカニック、マッサーなどなど。選手たちはといえば二三人しかいない。例えばコッピはここにはいない。バルタリもいない。海上にいない多くの選手たち、特に農村出の選手たちは船酔いという恐ろしい噂をやみくもに信じ、イタリア半島を旧式の電車に乗って南下していた。明日、その多くが船と合流しナポリから出航する。しかし歴史を思い出せば、イタリア巡り《ジロ・ディ・イタリア》の物語は今朝、大西洋フェリーの舷側《げんそく》からタラップがはずれ、もやい綱が解かれた時に始まったのだ。

　だが、ガリバルディの千人隊の進撃［一八六〇年五月、ガリバルディが率いる千人隊＝赤シャツ隊はジェノヴァから出航しシチリア島へ上陸、イタリア統一のために貢献した］と無理やり比べるのはやりすぎだろうか？　月並み過ぎるだろうか？　そんなことはない。今もそして次にそういうチャンスがあった時にも、絶対にやめるつもりはない。それは真実に対する裏切り行為でもあるだろう。なぜなら、この前例のないスタートを立案した者が「カプレラのライオン」［ガリバルディのこと］のことを連想しなかったはずはないからだ。仮に主催者たちの誰もそのことを意識しなかったとしても、ガリバルディが九〇年前に考えたのとまったく同じことを、軍事的な目的ではなく自転車のために、無意識のうちに再現させたのだ。ひょっとしたら、イタリアを征服しようとする人々にとって不可欠の、いわば半島用の作戦というものがあるのだろうか？　そしてその侵略が自転車に乗って行われるときにも、伝統的な道を外れてはならぬというのだろうか？

　だが今夜、これから始まる冒険のヒーローたちはかつてガリバルディの見張りたちがピエモンテ号とロンバルド号［ガリバルディがシチリア島へ向かったときに使った二隻の船の名前］の檣楼《しょうろう》で行ったような警戒はしていない。カンピオーネ《チャンピオン》たちは眠っている。夜が更けて、大海原や鯨や摩天楼や、エキゾチックな愛や発音しづらい遠くの町々について物語るこの船の幾百もの声に揺られながら、快適でエレガントな夜の甘さを味わっている。

　明日彼らは街道《ストラーダ》に出会うだろう、広大な敵に。息をのむほど長く真っ直ぐで、地平線の無の中に消える街道、あるいは見ただけで息が止まる絶壁のように険しく蛇行する街道、石や埃や泥や舗装の、あるいは穴だらけの荒れた街道。それは少しずつ飲み込んでいかなければならない無限のリボンだ。しかし今夜は穴も縁石《ガードストーン》も登り坂もない大海の無限の道だけだ、船首が絹のように裂いていく柔らかいカーペットしかない。呆れるほど軽やかに進むので、疲れたふくらはぎがペダルを踏みこむ必要はない。

明日からは、汗、痙攣、膝の痛み、口から飛び出しそうになる心臓、疲労、喉の渇き、悪態、パンクしたタイヤ、精神と肉体の崩壊、他の大物選手たちがアタックして喝采の渦の中で視界から消える時の口中の苦い味が待っている。しかし今夜は船室の柔らかいベッドで、筋肉は弛緩し穏やかだ。若々しく柔軟性があり魅力的で、勝利の期待に満ちて膨れ上がっている。

明日からはチームの無慈悲な命令が待っているだろう。やる気が出ない「キャプテン」を励まして、袋を引きずるように坂を登らせなければならない。自分の力を無駄に投げ捨てなければならない。だからせめて今日はアシスト選手《グレガリオ》はソロアタックを夢見る。今夜はチームの命令も規則も序列もない。今夜はヒヨッコもナポレオンのようだ。そして夢を見る。

いまだかつて群衆が自分の名前を叫ぶのを聞いたこともなく、勝利の後に熱狂する人々に担ぎ上げられたこともない街道のちっぽけな歩兵が夢を見る。誰だっていつか必ず見るにちがいない夢を見ている。さもなければ人生はあまりに味気ない。彼が夢見ているのは「自分の」ジロ・ディ・イタリアだ、途方もない意趣返しだ。最初のステージから分かっている。パレルモから一〇六キロ、そこで街道はコントラスト峠へ一、〇〇〇メートルとさらに何メートルか、激しく登り始める。そこで、まだ野牛の群れのようにまとまっている選手たちの地鳴りのような集団から彼が、グレガリオの彼が、無名の彼が、子供たちによって村はずれの壁に、応援のためであれ罵るためであれ、白チョークで名前を書かれたことなど一度もない彼がアタックする。たった一人で、狂人のように登り坂を駆け上がる。他の選手たちは気にしない。なんてバカだと勝手を知る誰かが言う。五分で終わるぞ、まあ頑張れよ。しかし彼は飛翔する。超自然のパワーに駆り立てられて、まるで上る代わりに、例えばステルヴィオ峠［標高二、七五八メートル］から下るかのように、山道のカーブを挽臼《ひきうす》をひくように次々と越えていく。後続の選手たちはもう見えない。沿道の人々はブラボー、バルタリと叫ぶが、自分はバルタリではないとわからせるために、彼は頭を振る。一体誰だ？　誰も知らない。特定するためにゼッケン番号を新聞のスタートリストで探さなければならない。衝撃がシチリア島を走り抜ける。

　この不運な選手はいつそれをやめるだろう？　このふざけた行いはみんなを苛立たせながら終わる。もうやり過ぎだ。誰かこのバカに教えてやってくれ。エースたちの背中が湾曲する。そうだ、コッピ自らがお仕置きするために腰を上げる。バルタリはもちろんそばを離れない。気晴らしのように見えたものが巨人の戦いになった。しかし彼は、あの無名の彼は、最後の最後に残った彼は翼が生えたのだ。二〇分のリード、二五分、三〇分。それに対してカンピオニッシモ《スーパーチャンピオン》たちはどうだ？　ファウスト（コッピ）とジノ（バルタリ）は？　惨めな虫けらたちは彼のあとをノロノロと追いかけ、どんどん後ろへ遅れていき、一分また一分とタイムを失っていく。

　ついにカターニャだ。奇跡の噂は彼よりも速く、すでに届いていた。彼を狂気の渦が迎える。群衆、横断幕、拍手歓声、花束、キス、ファンファーレ。タイムキーパーたちは目を大きく見開き、彼が一本の矢のように唐突に現れた街道を、何もない荒涼とした信じられないほど空虚な街道を凝視している。その間に時計の針はどんどん進み、まだ誰も見えてこない。四七分、四八分、五五分、ついに六〇分！　後続の追走者たちが現れるまでに一時間と五分が過ぎる。群集は彼らをじっと見ている、黙ったまま。

今夜、明るく照らされた大きな船の上で夢見ることはとても簡単なことだ。だが、なぜ一つのステージだけで満足してしまうのだろう？　なぜリードを二時間にしなかったのだ？　そしてなぜこの奇跡を最終日のゴールまで持ち越さなかったのだろう？　ジロの平均速度は時速44キロ。2位に一日半のリード。コッピは正気を失い、バルタリは僧院に閉じこもる。ここまでやれば、もうとことんやるしかない。寝床に寝そべって憂さ晴らし、溜飲を下げながら、決して1位でゴールすることはないはずの彼は笑みを浮かべる、街道の「下僕」にして忠実な奴隷、最も慎ましやかな彼は。

しかし、そんなことはないのだろう。ひょっとしたらこうした空想を自分に禁じていたかもしれない。眠っていても、彼は哀れなグレガリオのままなのだろう。ひょっとしたら彼は獣《けもの》のような断念とともに、長い道のりに疲れ切り、相変わらずまだ進まなければならないことにうんざりして、ただ眠るだけなのかもしれない。自分にはそんな希望などないことを知っているから。だからただ眠るのが良い、ただ眠るのが、夢も見ずに。

2　二つの母音がナポリ湾を走る選手たちを追う

航行中のツィッタ・ディ・トゥネージ号にて　5月18日夜

小さな群集、もっとはっきり言えばわずかな人々が、今朝の七時半にナポリの港のいわゆるゲート（と言ってもゲートは実際にはもうない）のところに集まっていた。粗末な身なりの若者たちやもう少しましな身なりの若者たち、きちんとした服装の老人が一人と一〇人ほどの可愛らしい浮浪児《スクニッツァ》たち（しかしまだそんな呼び方をしてるのだろうか？）。少女も二、三人いた。何が彼らをこんな思いがけない時間に起こしたのだろう？　サトゥルニア号のせいかもしれない。この瞬間に豪華船は厳かにベヴェレッロ埠頭に接岸したからだ。しかし一体誰がこの船から降りてくるのだろう？　若者たち、老人、浮浪児《スクニッツァ》たち、それに二人の少女はまだいくらか眠そうで、知り合いの誰かを出迎えに来たようでもなかった。それにナポリの港では、誰かを一目で見分けるのは難しい。そうなると、彼らがジロ・ディ・イタリアの出場選手たちを歓迎するために来たのは間違いなかった。選手たちが船から降りて

埠頭の後ろの大広場を通る時なら歓迎できるだろう。

ぼんやりした陽の光の中で（どんよりした朝だった。そしてはっきりしない雲がサン・マルティーノの上空にかかっていた）自転車のクローム部品が煌《きら》めいた。それからジャージの見分けがついた。たいてい青《アズッロ》だ。まるでジロのスタートがすぐ先のムニチビオ広場で行われるかのように、カンピオーネたちはレース用のいでたちだった。

早朝の到着後、シチリア島へ向かうツィッタ・ディ・トゥネージ号に乗り替えるために夜まで待たなければならない。自由な一日。土曜日になれば、人間が考え出した中でも最も桁外れの偉業を為さねばならない脚にとって、貴重な一二時間だ。残念なのは寒いこと。どれほどトレーニングを積んでいても筋肉を衰えさせるには、数日何もしないだけで充分だ。ふくらはぎが材木のようになってしまう。だから一〇〇キロから一五〇キロ、あるいはもっと長い距離を時速35キロで、ソレントやアマルフィへ向かう海辺の道をのんびり走れる自由な一日は、脚をほぐすためには大歓迎だった。

小さな群集はやきもきしている。彼らは好意的だが最新の情報に乏しい。バルタリは？と彼らは尋ねる。コッピは？　コッピはいないの？　混乱の中だ、間違えても仕方がない。遠くからだとクリッパが、幾分背は高いがその気になればカステラニア出身のカンピオニッシモ［コッピのこと］によく似ていた。この怪しげな鑑定を主張したのはあの老人だ。彼は頑固で、勝手に思い込んだ贔屓選手に嬉しそうに目を細めて小さな杖を頭上で振る。しかし、選手たちは立ち止まらない。愛想もなく熱狂する人々から逃げようとしている。なにもお高くとまっているわけではない。単に真面目で、ある意味不安なのだ。ひょっとしたらもっと多くの人を期待していたのだろうか？　距離を置いた無関心な態度で人々の間を通り抜けるが、これがかえってファンたち《ティフォジ》の好奇心と憧れを一層掻立てる。ジノ万歳《ヴィヴァ・ジノ》！　と誰かが叫ぶ。あちこちで歓声が上がる。しかし選手たちは立ち止まらない。彼らはピカピカの自転車を素早く軽々と担ぎ上げる。笑みも漏らさず近寄りがたい。ひょっとしたらはっきり意識しないかもしれないが、彼らを傷つけたのはコッピとバルタリに対する歓声だったのかもしれない。その歓声は格の違いを思い出させる。そして彼ら、つまりアシスト選手《グレガリオ》たち、まだ無名の若者であるモナーリとかナンニーニとかマランゴーニとかブリニョレとかベンソは、その格の違いというものをあまりにもはっきりと知っている。もちろん幻想を抱くのは簡単だ。しかし限界はある。ストップウォッチと順位は雄弁だ。格の違いはある。しかしそれを今思い出す必要があるだろうか？　コッピはここにいないのだ。彼は列車でくる。バルタリも船は使わない。きみたちはお気に入りの二人がここにいないことが、まだわからないのか？

　ファンたち《ティフォジ》は、しかし、ある意味では親切だった。ものすごく親切で、少しだけ満足もしていた。超大型砲が欠けていても、中級レベルの大砲でおおよそ満足できたし、小口径砲でも十分だった。スポーツファンは選り好みしない。巨人が二人ともいないことがわかった後も、彼らは同じように声援を送り続ける。ブラボー、チェラミ！　詳しいファンはあまりいなかったが、そのうちの一人がガンナチームの最も華やかな選手に声をかけた。新聞の写真で顔を知っていたのだ。しかしこの選手はイタリア系ベルギー人で、その名前はセラミと発音される。だから彼は自分の名前が呼ばれたことに気づかない。ブラボー、クブレール！　と別の気前の良いファンが叫んだ。ひょっとして彼はスイス人キューブラーのファンだったのか？　それはありえない。単に彼はサトゥルニア号にキューブラーが乗っていることを知っていただけで、なんとなくその名を思い出して呼んでみたのだ。二人の巨人への熱をどこかで発散しなければならない。こんなに早起きしたのだから、それをそのまま家に持ち帰るわけにはいかないのだ。ブラボー・クブレールの声がまた。しかしキューブラーもそこにはいなかった。最後の瞬間に乗船せずにパレルモ行きの列車に乗ってしまったのだ。それに、もし仮に彼がそこにいても、そんな風に呼ばれたらおそらく振り返らないだろう（翌年のツール・ド・フランスで優勝するキューブラーはバルタリのチームメイトだったが、直前に出走を取りやめている）。

　最終的には群衆も人数が減って、選手たちは出発の準備を始める。だがまだ彼らを、残ったみんなが取り囲んでいる。いや、違うんだ、――浮浪児《スクーニッツァ》たち、粗末な身なりの若者たちやもう少しましな身なりの若者たち、そして二人の少女は（老人だけはがっかりして、バカにしたように杖を回していたが）こう言いたがっているようだ――僕らはあんたたちを応援してるんだ。バルタリじゃなくコッピでもなく、あんたたちを。バルタリとコッピの名を呼んだのはただのエチケットさ、あんたたちを軽んじたわけじゃない。将来有望な若手選手のあんたたちが大好きだ。コンテ、あんたのことが、クリッパ、あんたも、そしてみんながすごいと言っているセラミ、フランス風に呼んだとしてもあんたのファンなんだ。みんな英雄じゃないか？　実際の言葉にはならないがみんな同じ考えだから、歓声は大きく心のこもったものになる。そのうち度を過ごす者も出てくる。バルタリをやっつけろ！　と叫び、歓心を買おうとする。

しかし選手たちは真剣で寡黙なまま、奇妙に侮辱され傷ついた様子で、ほとんどむっつりしている。右足をトゥークリップに差し入れ、左足を地面から離して走り出し、身体を伸ばすとムニチピオ広場をゆるゆると横断する。デ・プレティス通りの角に行ったかと思うと姿が見えなくなる。ファン《ティフォジ》たちもついに気まずい思いで散っていく。無関心さを装い、タバコに火をつけてあくびをする。僕らはただ偶然そこにいただけなのさ。

その間にも選手たちは走る。レッティフィロ通りはもうとっくに過ぎた。カステランマーレへ向かう道で激しくペダルを踏む。窓が開き、男の子のシルエットがドアから飛び出し街道に駆け寄る。だが、間に合わなかった。小集団は金属的なシャーッという響きを立てて走り去ってしまった。しかし選手たちは背中に叫び声を聞く。それははっきり聞き取れない叫び声だ。ただそれだけ。しかし常に二つの同じ母音が聞こえる。耳について離れないアー！とオー！の母音が。バルタリ！　コッピ！　即席のファン《ティフォジ》たちは当たっていることを願いながら叫ぶ。選手たちは怒ってペダルを踏む。時速40キロで、あるいは41キロで駆け抜け、ありがたくない声を振り切る。無駄だ。彼らが速く走れば走るほど、思いがけない声をかけられ、誤解が繰り返される。アー！　オー！　それだけ。やむことのない悪意あるこだまのようだ。太陽はすでに高く暑い。力を振り絞り、若きカンピオーネたちは不屈の燃えるような顔をしている。そして必死に逃げる。野原から、家々の暗い扉口から、水路から、いつも呪われた二つの母音が追ってくる。他人の栄光。だが彼らの栄光は？

3 **競争は素晴らしい**

パレルモ　5月19日夜

おそらく運命の機嫌が悪く、今となっては嘆くのも詮無い事情が重なって、この文を書いている男、ジロ・ディ・イタリアを追いかけるレポーターたる私は、自転車のロードレースというものを未だかつて見たことがない。

多くはないが、競争というものなら何回か見たことがある、海の上や地上で。しかし、太陽の下で偉大な選手たちが背中にゼッケンをつけて、肩に予備タイヤを巻き、埃まみれの顔で競争するのはまだ見たことがない。例えば遅刻した子供たちが学校までかけっこをするのは見たことがある。空からの雷雨と稲光り、サイレンで防空壕へ駆け込む人々。泥棒が全速力で走るのも見たことがある。彼は追われて文字通り飛ぶように走っていた。ミラノのアンドレア・デル・サルト通りでのことだった。それから彼は捕まって散々殴られたが、道路の向こう側での出来事で、大変な混乱ぶりだったからはっきりしたことは言えない。アフリカ

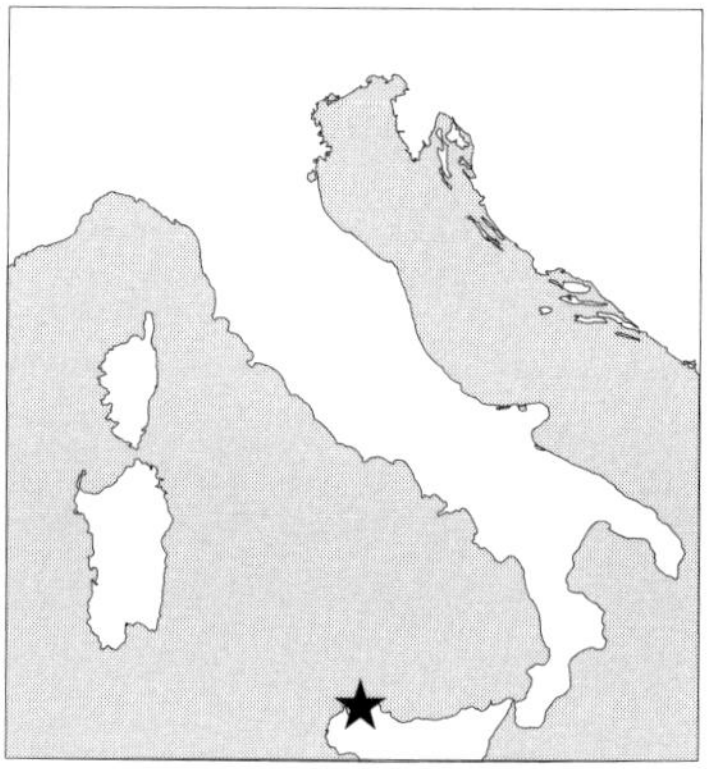

の砂漠でダチョウが弾丸のように突っ走るのを見たこともある。敵の船の榴弾の赤い光が、柔らかく魅了するようなカーブを描きながら、夜を貫くのを見たこともある。そのいくつかは円盤のように見事に水面を跳ねて狂ったようにはじけた。夕焼けが近づく時に特急列車が走ってくるのを見たこともある。すでに窓は灯りがともり、夢とファンタジーが孤独な風景の中を走り抜けて行った。それは素晴らしく美しかった。

ずいぶん昔のことだが、私はアウレリア通りで自転車用ジャージ《マリア》を着た選手がトレーニングをしているのを見たことがある。それはジラルデンゴ［コスタンテ・ジラルデンゴ（一八九三〜一九七八）イタリアロードレース界で最初のスーパースター。ジロ二勝、ミラノ〜サンレモ六勝、ジロ・デ・ロンバルディア三勝を挙げている］だと誰かが言っていた。しかし、顔が似ていなかったから嘘だろう。シャルル豪胆公の急使が森の中を駆け抜けるのを見たこともある。公の忠実な騎士が裏切り者と誹謗され、その金髪の頭を首切り人が今まさに切り落とそうとしていたのだが、最後の瞬間に特赦を伝えようとしたのだ。ただしこれは映画の話で、そのすべてが事実であったわけではないだろう。日の出直前のミラノで、この目で屋根の上にいくつかの空飛ぶ円盤を見たこともある。それらは赤くて可愛らしく見えた。残念ながら誰も私の言うことを信じようとしなかったが。時間が駆け去るのを見たこともある。ああ、なんと沢山の年月日時が私たち人間のもとを流れていき、私たちの顔を徐々に変えていくことか。その驚くべき速さ、それは測れないにしても有史以来、どんな自転車選手やレースドライバー、あるいはロケットパイロットが達した平均速度よりもずっと速いだろうと思う。そういえば私も子供の時に自転車で競争をしたことがあった。それも泥除けを外した自転車で。そうすればカンピオーネたちの自転車っぽくなったからだ。そして、ある晩公園を丸々二周、誓って言うが、アルフォンジーナ・ストラーダ［一八九一～一九五九　ジロ・ディ・イタリアを走った唯一の女性選手］の後ろにくっついて走った。彼女は、最後は私をヘトヘトにさせ、あざ笑うように走り去った。そして彼女が走り去った一方で、私の方は交通警官に捕まって罰金を支払わなければならなくなった（スピード違反だ。二〇リラという時代にしては法外な額だった）。私は競争というものをいくつも見てきたが、街道の巨人たちが自転車競技連盟主催による正規のレースを走るのを見たことはなかった。そしてこれは、自転車でイタリアを一周する英雄叙事詩を書くために派遣された者としては、確かに欠点である。

　私のこの欠点が、親切心か冷やかしかわからないが、ジロのヴェテラン同行者たちを刺激するらしい。ジロはある意味ですでに一昨日ジェノヴァで始まり、そこからキャラバン隊と選手の一部は海路ナポリへ向かい、さらにそこからパレルモへ移動したので（奇妙に詳しいニュースによると、昨夜、カプリ島沖合で、セルセ・コッピが船酔いのために突然寝込み、そして兄のファウスト・コッピまで、ツィッタ・ディ・トゥネージ号が玄武岩の岩礁のようにまったく揺れなかったのに体調が悪くなったそうだ）、無尽蔵の知識を持つジロの古狸たちにとっては、私に教えを垂れたり、からかうように当てこすったりする機会がたっぷりあったわけである。例えばこんな具合。覚えてるかい？　カミュッソがギサッロでパンクしたことを、あるいはペリシエがゴール勝負でアントナン・マーニュにいきなり激しく仕掛けたときのことを、といった調子。私を脅す人もいれば、一九のステージを心安まるパラダイスのように語る人もいた。いろんなことを聞かされた、ジロは仮装した村祭り《ケルメス》だったり残酷な刑罰だったり、巨人的な事業だったり抒情詩だったり、喜劇だったり血まみれの戦争だったり、どれであれ結局のところは、少なくとも私に色々教えてくれたこれらのベテランたちの誰かが正しいのかもしれない。

彼らのうちの一人は、ジロは素晴らしい強壮剤だという。素晴らしい旅であり、美食の国イタリアの飲食店《トラットリア》をめぐる巡礼だという。以前は毎年センテカチーニへ湯治に出かけたものだが、今はジロを追いかけるようになり、もっと元気になった、帰ると彼の奥さんはいつでも彼が若返ったように見えるので、びっくりするのだそうだ。

彼と同じように経験豊富な別の男は、それに対してジロは地獄の装置で、人間を、選手たちも随行者たちも監督も記者もカメラマンも、その他みんなを破壊してしまうと主張する。三週間にわたり何も、ほとんど何も食べられない。せいぜい朝食にサンドイッチ、夕飯は大急ぎで、しかも疲れているので、喉に詰め込むようなものなのだ。睡眠に関しては、彼はさらにもっと悪いことを付け加える。例えば、去年は休息日にしか、それも四時間しか眠ることができなかった。完全な夜が恵まれたのは最後のゴールに到着した後のことだった、と。

だがそれは本当のことなのだろうか？

すべて八百長だと言う人もいる。選手たちは最初からしめし合わせていたり、買収があったり、裏社会の指示があって、1位、2位、3位等々になるのだ、と。おそらく彼はすべてを、いわゆる経済的要素で説明する弁証法的唯物論の信奉者で、マラブロッカのお尻のおできだってそれで説明できると思っているのだろう。しかしこれは暗示的である。彼が言うには大衆はまぬけで、お気に入り選手がタイムを数分でも失えば興奮して眠れなくなるファンたちというのは頭がどうかしているのだ。その選手にはその選手なりの事情があったのだろう、それを信じればいいのに。

しかしまた、思慮深く知性も備えているのに、ジロの崇高な純粋さを盲信する者もいる。そこに個人や共同体が信じることのできる最後の偉大な奇跡の一つを見ているのだ。たとえ選手たちがたっぷりお金を持っていたとしても、彼らはあくまで理想のためだけに全力を注いでいるのである。そして他ならぬその理想が沿道に大群衆を呼ぶ。彼は金銭を否定し、利益を否定し、筋肉まで否定する。彼曰く、精神が、ただ精神の力だけが自転車を進ませ、ファルツァレゴ峠やポルドイ峠を登らせ、記録を打ち立てさせるのだ。カンピオーネたちは選び抜かれた英雄で、主催者は神権を司る神官であり、無名のファンたちは熱烈な信者なのだ。

そして最後に、今年もジロを見に来てしまったことを忌々しく呪い、一日中文句を言い続ける人がいる。彼はすでにあらかじめあらゆる辛酸を見越している。土砂降りの日もある、ごたごたやナンキン虫の出る宿もある、風邪だって引くこともあるだろう。他にも、と彼は断言する、ある特定の選手がいなければレースなんてそもそも人々の関心などひかない、なくたって構わない、人々にとってどうでも良いことだろう。ひどい時には、自転車競技は死んだ、死んで埋葬された、カンピオーネたちの後を継ぐ者はいない、原子力の時代にペダルとクランクなんて博物館の鉄屑だ、こんなポンコツにいつまでもしがみつくなんて笑うしかないと断言するのだった。しかし彼を観察すると、四十五歳ぐらいで、屈強で、予期せぬ攻撃を受けてもうまくかわしそうなタイプだ。顔はちょっと猛犬を思わせ手強そうなのだが感じは良い。一日彼を注意深く観察していたが、どこかのチームのマネージャーとか監督なのか、あるいはチーフメカニックとかマッサーなのか、よくわからなかった。彼は周囲を罵り、あざ笑い、なんでも悲観的に見て、まるでいつでも何かが落ちてくるかのように、あっちこっちと駆け回っている。汗をかき、悪態をつき、夜遅くまでタバコを吸い続ける。きっとジロが終わるまでこの調子だろう。最初に見たときは居場所を間違えている人、気に入らない職場で働かなければならない人だと思った、最初に見たときは。だが、私の考えは変わった。今は彼がブツブツ言ってふくれっ面のブルドッグのように辺りをうろつくと、私は彼を見てウキウキしながら自問する、これほど幸福な人間を見たのはいつ以来だろう？ と。

4

ガリバルディが通った道を
一〇〇人の選手たちが全速力で走り出す

パレルモ　5月20日夜

準備はすべて整った。数時間で起床だ。スタートの時間が来る。この二日間のお祭り騒ぎ、歌や旗や歓声の後、パレルモは眠っている。しかしそれは片目だけ。

騎士の馬上トーナメント前夜の馬のように磨き上げられた自転車は、準備万端整っている。フレームにはピンクのナンバープレートが取り付けられ、主催者印が押されている。しかるべき箇所にオイルがたっぷり注がれている。細いタイヤは若い蛇のようになめらかでピンと張り詰めている。ボルトが締められ、サドルの角度が調整され、ハンドルの高さはミリ単位で計測される。自転車というのは出来の良い生徒だ。学ぶべきことはすべて学んだ、さまざまな実地検査、テスト、再検査をして完璧に覚えた。自転車が、大切な試験でコンマを打ち忘れるような単純なミスをするはずがあるだろうか？　すでにチームの秘策が練り尽くされている、神経も脳も疲れ果てるほどに。予想不能な不運やハプニングや運命の罠や悲運は想定しない、たとえば、もし雨が降ったら、あるいは降らなかったら、エースたちが急にアタックしたら、あるいは逆にペースを上げなかったら、誰かアシスト選手《グレガリオ》が逃げたら、埃っぽかったら、暑かったら、あるいは寒かったらなどなどと。こうした秘密の作戦の中で自転車は知識量を増やしていく。戦場は少なくとも部分的には新しい。規則には新しく大胆なものがたくさん取り入れられている。たとえば中間スプリントポイント《タッパ・ヴォランテ》や山岳賞のボーナスタイムだ。これは参謀本部に、前例のない計算や直感や機転を要求した。将軍から士官へ、さらに末端の兵士まで最高機密事項としてこの合言葉が伝えられた。兵士たちはそれを忠実に果たすだろうか？

兵士たちは準備ができている、一〇二人の選手たちは（おそらく明日はヒーローか、それとも恥ずべき敗残の歩兵か？）。今夜はいいだろう。しかしもうすぐ夢を見るのはおしまいだ。明日からは眠りは深く濃密で、タールのように黒くなるだろう。できるだけ身体を休めるためだ。夢を惑わす明かりがすり抜けるわずかな隙間もあってはならない。彼らは準備が整っている。筋肉に不可欠な柔軟性もある。消費するよう指示された何百カロリーも、きちんと消化された。心拍は医者が推奨したリズムで安定している。長方形の防水布のゼッケンと、それを背中に止めるための安全ピンは各自が準備している。それぞれが、他の選手に内緒の小さな秘密兵器を携えている。例えば子供の写真を入れたお守りや聖母マリア様のメダイユ、脂が滲み汚いけど「幸運を運ぶ」無敵のキャップ、かかとの形を特注で誂えたレーサーシューズは三年前にセンセーショナルな勝利を挙げたときに履いていた同じものだ。そしてアンフェタミンのチューブをシャツのポケットに隠す者や、他にも、地元の薬剤師が特別に調合してくれたエネルギー注入剤を持っている者がいても不思議ではない。

補給用サコッシュは？　各チームの監督は父のような気配りでそれを準備し、各選手の好みや体調に合わせて内容と量を調整している。ある選手にはヒレ肉を、他の選手には蒸し鶏を、ほとんどすべての選手に角砂糖と、バターとマーマレードのサンドウィッチ、ライスケーキと砂糖煮果実《コンポート》を用意する。マッサージ用器具も準備ができている。絆創膏、軟膏、塗り薬、緊急時の下剤、即効性のある栄養剤。そしてもちろん「爆弾《ボンベ》」も。死人だってサーカス芸人のように棺桶から飛び出してくる合成強壮剤だ。

紅茶やコーヒー、ミネラルウォーターが入ったボトルも用意されている。スペアパーツも準備完了。選手の軍団をカーニバルのエキサイティングな行列にする宣伝カーも準備できている。パレルモのファン《ティフォジ》は明日早起きするために、目覚まし時計を五時にセットする（今日、車検の様子を見るためにポリテアマ劇場の手すりの前にきた人々の苦労も叫び声も、群衆の数や喧騒、熱狂ぶりもまだまだ十分ではない）。最初のステージのゴール地カターニャでは、ベルギーチームのエースで、このカターニャ生まれのチェラミ（発音はセラミだ）を歓迎する横断幕も準備されている。シチリアの誇り、コッリエリに渡す花束も準備されている。コース沿いの秩序維持に関する警察署長の回状も準備済み。ゴールのバナーや凱旋アーチや花輪や、鏡のように磨かれた金管楽器の音楽隊も。リポーターの鉛筆、カメラ、ラジオ中継車も。我らが特派員ディ・フランチェスコが、キャラバン隊がチェファルの町に入ってきたときに、向かいのガソリンスタンドから知らせるために振る黄色いハンカチも準備してある。

　しかし、敵も準備している。今回はこの何年かよりもずっと手強く、はるかに恐ろしいものだ。注意せよ、街道の紳士諸君、信用するな。そうだ、パレルモは君たちを息子のように歓迎し、二日間は歓声とパーティーと綺麗な娘たちの笑顔だけで取り囲んだ。だが、その後に残るのは苦い後味だ。最初の日から、君たちは強靭なしぶとい軍勢と戦わなくてはならない。その軍勢は明日も明後日も、そして今から毎日、常に君たちの行く手を遮るだろう。その軍勢は距離《キロメートル》、雲や雷（すでに空では恐ろしい召集がかかっているようだ）、砂埃、登り坂、熱風《シロッコ》、穴だらけの道路、そして疲労という不吉な名称の連隊を君たちに向けて次々と送り込んでくるだろう。

　君たちの背中には氷のような雨が降り、殺人的なアップダウンに体力を消耗し、陰険な小石がタイヤの下できしむ。そして憎むべきパンク、激突、転倒、痙攣、股ずれ《フルンケル》、喉の渇き、分岐点を間違えてコースアウト、背中の痛み、失望、そして孤独が待っている。その上、ブルボン軍［ガリバルディの時代にナポリ・シチリアを支配していたのがフランスのブルボン家］の禁断の武器の中には勇壮な努力で稼いだタイムを溶かして消してしまう忌々しいタイムペナルティがある。しかもそれは最後の最後まで続く。

銃剣のないガリバルディたちよ、戦い抜くのは誰だ？　誰が君たちのガリバルディになるのだ？　君たちの中にまだ将軍はいない、君たちはまだただの一兵卒にすぎない。階級章は己で勝ち取らなければならない。明日の朝、新たに再び出発だ。勝利の女神は真意を見せぬ顔で、君たちみんなに分け隔てなく微笑んでいる。

君たちの中に並外れた戦士が何人かいる。新たな戦いに向かうとき、どんな謙虚な者でも大きな野望を抱くことはできる。どうなるか誰にもわからない。過去に勇名を馳せた者も、最初の戦いでは破れたかもしれない。後衛部隊でおとなしくしている者も、ひょっとしたら鷲となって頂上で舞うかもしれない。そして、若い無名の新兵もいるが、ひょっとしたら運命はすでに彼に微笑んでいるかもしれない。すべてが今新たに始まり、どのカードもまだ伏せられている。出走者たちの頭上には平等に希望が揺れている。

だがこの大事業は二人の巨人、周知のエース二人の一騎打ちに集約されてしまうのだろうか？　それとも若者たちの群れから、世界を震撼させる新たな名前が忽然と現れるのだろうか？　カンピオーネを見つける名人にして将来の栄光を探る名占い師、ジロのネストール［ホメーロスの「イーリアス」に出てくるトロイ戦争の老知将］老パヴェージ［エベラルド・パヴェージ（一八八三〜一九七四）元プロ選手だが、むしろ長年にわたるレニアーノチームの監督として有名］は、人当たりの良いメフィストフェーレスじみた顔をしかめて気取られないようにしている。ひょっとしてまだ無名の若者たちの中に、すでに運命に選ばれし者を見つけたのだろうか？　ここにいる我々の中で、彼だけがバルタリとコッピの星の輝きを色褪せたものにできるのだろうか？

しかし老パヴェージはそう《シー》だとも違う《ノー》とも言わず微笑むだけだ。「もうすぐわかるだろう」と彼は言う、「明日になればわかる」。序曲は終わった。長篇物語の最初のページが開く。太陽が照る長い道路の左右に、熱狂する人々の二つの壁。そしてずっと向こうのやっと見えるところに、ジリジリと近づく黒い何かが。神よ、それがいかに疾駆していくことか！　自転車に乗った一人の男だ、深くかがみこみ、一人で勝利への道を行く。これは誰だ？　誰だ？どよめきが近づく。雷のように群衆の叫び声が轟く。誰だ？　返事はない。まだ道は長い。

5　ファツィオはお母さん《マンマ》との約束を守る

カターニャ　5月21日夜

逃げ《フーガ》。お楽しみはパレルモの街を出るところでもう始まった。そこでは沿道の大観衆がまだ叫び声をあげていた。太陽と貧しい家々。昨夜の眠りが染み込んだカーテン越しに、ボサボサ頭の若い女の不審げな顔が現れた。すでにレースは始まったの？　いや、パレードと言った方が良い、軍隊が出発するときにはつきものの、顔見せの凱旋行進。歓声の中一〇二台の自転車が金属的で濃密な音をたててかすめていくと、人々は身を震わせた。太陽はまだ低く、選手たちの影は長く引き延ばされた。コッピやレオーニのシルエットが、そしてバルタリのミケランジェロ風の鼻の影が、白いモルタル壁の上を素早く通り過ぎた。素晴らしい日だった。しかしペッレグリーノ山の上空に漂う三つの風笛のような形の黒雲はなんだったのか？

こういう機会には必ずふざける奴が出てくる。深刻なとき、然るべき時に然るべき場所で起こることを茶化す奴が。おもちゃの銃で「バン」と言ってびっくりさせる子供みたいな奴が。しかし時々、どうしてかはわからぬがおもちゃの銃が暴発する事がある。ボフ、セルヴァデイ、ルガッティ、モナーリの四人が逃げた時、全四、〇七〇キロのうちで、まだ四、〇六八キロも残っていたのだ。ああ、心配する必要などない。長年の酷使で膝に錆の溜まった大ヴェテランの好選手セルヴァデイも含めて、何より逃げた彼ら自身がそれを認めていた。だからすぐに捕まる、よくいう表現なら集団に飲み込まれる覚悟はできていた。エースたちが、「まさか本気じゃなかったよな?」とでも言うように、彼らを睨みつけたときにはニヤニヤするしかない、「お前らが無邪気なおふざけをしたおかげで、こっちのやることがなくなったじゃないか?」

だが、カターニャ出身でブレシアに住む三十歳のマリオ・ファツィオ（古典的なシチリア人顔で、色黒で痩せてて唇が突き出ている）は誘惑に駆られた。ひょっとしたらそれ以前には、そんなことを考えたことはなかったかもしれない。あるいは仮にそんなことを思いついたとしても、きっと本気で考えなかったはずだ。しかしカターニャが最初のステージのゴールなのだ。彼にとっては大変なことだ。可能性は？　と彼は自問した。そして答が出た。リスクを負ってやろうじゃないか。そしてリスクを負って集団からアタックした。集団の方では気にしなかった。もしかしたら、何もかも見たがる大量のオートバイや車の車列が彼の姿を遮蔽したのかもしれない。何しろ車両の群はラッパやサイレン、クラクションやホイッススルが鳴り渡るメリーゴーラウンドのようで、レースは最初から最後まで、まるでサルヴァトーレ・ジュリアーノ［一九四〇年代にシチリアで義賊とされた山賊］の襲撃のようにひどい無法状態だったのだから。ありえることだ。そしてファツィオを風除けにビアジオーニが後ろについた。ほとんど冗談で逃げたあの四人を追い、カーブを曲がるときにはまだ見えていた。それからさらに二人がそれほど離れずについてきた。ベヴィラッカとカッレアだ。この暴挙に手をつけたのは八人になった。彼らの前には山があった、いや、最後まで山と谷と丘しかなかった。そして後ろには、たとえステルヴィオ峠でも、まるで長い眠りから目覚めたばかりのように心拍数が40にしかならない偉大なカンピオニッシモたちがいた。

シチリアの朝に自分を新鮮で若々しく感じられるなんて、なんて素敵なんだろう（セルヴァデイ、君もそう思うだろ？）、周りは緑の草原で、下には寂しく果てしない海、船は見えず、ゴツゴツした岩が有史以前の巨大な砦のように垂直に落ち込んでいる。時速42キロ、43キロ、彼らはどこまで持ちこたえられるだろう？　少し前、パレルモでは若々しくすべすべのシワのなかった顔が歪んでいく。まるで蝋でできているように暑さの中で溶け始め、しずくとなってシワの間を流れる。

恐ろしいほどの疲労感が、牢屋のように彼を取り囲む。世界はもう存在しない。家々や男たち女たちの姿が実感を伴わなくなる。垂直の岩壁にしがみつく登山家は、一〇〇メートルほど下に見える小さなホテルとその脇の車、赤土のテニスコートでちょこちょこ動く白い人影、そんな単純でのどかな日常生活ももう信じることができない。深淵に身がすくんでいる。レースでも同じだ。徐々にファツィオの周囲はすべてが影になっていく。輪郭のない曖昧な像が両脇に流れ、荷車の影、オリーブの木々の影、軽機関銃を携えた憲兵たちの影、息を切らせながら駆け寄りバルタリを探す黒衣の神学校生たちの影。しかしバルタリはここにはいない。八人いるのだ、十分じゃないか？ ひょっとしたら彼らの名前がバルタリほど美しく響かないからか？ バルタリ、バルタリ、神学校生たちは澄んだ声で叫ぶ。他の言葉はないのか、大丈夫か？

足を留めるストラップが痛くなり始めた。強く締めすぎたとファツィオは思ったが、止まれば終わりだ。熱くなってきた。このクソッタレな車ども、うろちょろするのをやめてくれないか？ なんでクラクションを鳴らしてるんだ？ 息もつかせず谷へ下る。スピードを上げろ、ほら、注意しろ、アスファルトに割れ目があるぞ。やっと息がつける。ほら、ルガッティ、お前が引く番だ。この登りは長いのか？ いや、ありがたい。二〇〇メートル先には太陽の照り返しが見える。ちくしょう、今度はサドルでケツが痛い。これは初めてだ。こんなの考えたこともなかった。（マンマはカターニャの競技場に来てるだろうか？）逃げている選手たちは腰を上げて自転車を振る。新たな登りの不意打ちだ。背中を丸め、キリンのように四肢をくねらす。コミカルに頭を振り、後ろから見ると否定してるようだ。彼らの前で後ずさりしながらも、決して捕まえられない見えない相手に対して、一種の絶望的な怒りをこめて、違う、違うと言っているようだ。

　チェファルの幻想的な岩山がなんだ？　「一一三一年にルッジェーロ二世［初代シチリア王］が建造を始めた素晴らしいノルマン建築様式の寺院」の有名な大聖堂だと？　他にもあるか？　しかし今日この日、これらの大聖堂や海や風景がたとえ世界一素晴らしいとしたって、俺たちになんの意味がある？　ここにはただ道があるだけだ。それは登り坂で、まだまだ続き、終わりそうにない。だがここからは少し登りが楽になる。山岳ポイントが設定されているコントラスト山への登りが始まる。ここで一分のボーナスタイムが稼げるのだ。標高一、一〇〇メートル。彼らはそこで何を投げられるのか？　バラの花びらだ。バラなんて呪われちまえ！　そもそも他の奴らはどこだ、あの偉大なカンピオーネたちは？　それが問題だ。彼らはついに戦うのをやめたのか？　突然太陽が翳り、ついさっきまで風景を彩っていたお祭り気分も消える。雲、風、峻厳な山の空気。バルタリはどこだ？　伴走のバイクから誰かが吠えるように、七分後ろだと言う。しかしそんなこと信じられるだろうか？

　セルヴァデイ、どこにいるんだ、セルヴァデイ？　振り向いてももう見えない。千切れたか？　ボフも遅れた。寒い。今はもう彼らだけだ。薄気味悪い山と彼らだけ。ミストレッタの村を越えると、道路の脇にはもう草しかない。草と遠くに羊の群れ、時々童話の中から出てきたような羊飼いが、なぜだか自分でもわからないまま、子供のように笑っている。ビアジオーニ、ベヴィラッカ、君たちも諦めたか？　彼らは遅れていく。コントラスト山の最後の登りで最後にモナーリが先頭に立つ。

峠の向こうでついに終わるのか？　そうだ、神が望むのなら。「山岳ポイントゴールライン」と書かれた横断幕が風にはためく。若い羊飼いたちがそれを崖の上で支えて、道路上に渡している。ファツィオが猛烈な勢いでスパートする。大丈夫だと思い込んでいたモナーリは、野牛のように右側へ斜めに走り抜けていく彼を目にする。二人の間に何が起きたのだ？　だまし討ちがあったのか？　モナーリはファツィオにしっぺ返しを喰らわせようとする。そしてファツィオ、モナーリ、カッレアの順でラインを越える。即座に下りへ。後ろからは狂った群れのように車たちが吠え、奈落の淵のカーブではタイヤを軋ませながら追ってくる。寒く暗い空、降り出した雨の雫が道路の砂埃に小さな輪を作る。

だがエースたちは？　エースたちは来る。道はまだ遠く、この後続く山はもっと低いが、数が多くて数えるのが嫌になる。おお、間違いなくカターニャに着くまでに、このくちばしの黄色い連中は疲れ切ってしまうだろう。エースたちは本気だ、一体になったプロトンの活力が推進力をさらに高めているようだ。ヘアピンコーナーを駆け下りる恐怖はスキーヤーが滑降コースを駆け下りる時よりも大きい。こんなに酷使してハブは溶けないのか？　タイヤはもうすぐ燃え出すのではないか？　目が眩みそうな地球の引力だけでは足りない。選手たちはさらに全力を注ぐ。時速80キロで通過する時、引き伸ばされた笛のような音がする。

山よ、お前たちはいつ終わるのだ？　残っているのはファツィオとカッレアだけだが、今は平地になる。この世界ではすべてを支払わなければならない。一〇〇人に対抗する二人の孤独な挑戦にも残酷な対価がいる。太ももは鉛になり、燃えるような砂がひざ関節に染み込む。ペダルは重いぬかるみにはまったようだ。（マンマはスタジアムに来るだろうか？　行くと言っていたけど。それに兄弟たちは？　俺がゴールしなかったらなんて言うだろう？今頃どこにいるだろう？　もう食事はしただろうか、すでに家を出ただろうか？）ああ、振り返るとファツィオには、まだずっと遠くだが、谷の向こうに長い金属のきらめきが麓に向かって滑るように下って来るのが見えた。神様、彼らはなんて速いんだ。あそこにはコッピが、あっちにはロンコーニがいる。あそこではキャップのひさしを立てたバルタリが集団を引いている。まるで成敗してやると言わんばかりに、厳しく執念深く威厳を持ってペダルを踏む。

　カッレアのどことなくダンテ風の顔から汗が滴る。彼もまた脚が石のようになっているのを感じる。アドラーノへ向かう最後の登りだ。突然二人は止まったような気がする。それぐらいゆっくりと走っているのだ。彼らの後ろでは、狼の集団のように偉大な選手たちが、抵抗し難く揺るぎないかたまりとなって襲いかかって来る。おしまいだ。

　おしまいというのは、追走する最初の選手が彼らに追いついたということだ。追いついてきたのはウィリエールチームの燃えるような赤いシャツ《マリア》の、粘り強いコットゥールだ。今日は実に若々しい。「ファツィオ」とダンテの風貌のお人好しのカッレアが、何かニュースでも知らせるように叫んだ、「行け、行け、ファツィオ！」と背中を叩いた。そして突然奇跡が起きる。彼を焼く地獄の苦痛が、あとはもう心臓が拒否するだけという限界に近づいた時、突如消えたのだ。新鮮で新しい生命が筋肉の中を流れ、脚に繋がれていた鉄鎖が解かれ、車輪はブレーキから解放された。唸るようなエンジンの音が集団の接近を告げた時、二人は数回ペダルを強く踏み、パレルモを出た時のように再び飛ぶようにスピードを上げた。顔は人間のものと思えず、膨れ上がって汗にまみれ、しかし列車のように突っ走る。

あの下がカターニャだ。とうとう雲が切れた。陽光が野原と溶岩の壁を照らす、花輪を、オートバイの運転手たちの青いオーバーオールを、アスファルトの沿道の女性たちの明るい笑顔を照らす。来てみろコッピ、もう追いつかないぞ。また村が、オリーブの樹が、馬車が、憲兵たちが、バルタリを探す神学校の生徒たちが並んでいるが、今回はそれもお祭りの絵のようだ。

スタジアムに入り、群衆の洪水のような歓声のもとで、ファツィオが探したものは一つだけ。いた。ちょうどゴールラインの高さのところ、金属のワイヤーフェンスの後ろにマンマの顔が、丸々とした善良な、そしてホッとしたような顔が笑っていた。それは一瞬のことだった。まだ最終周回があり、ゴールスプリントがあったからだ。しかし彼はマンマを見ていた。この百倍も多い群衆の中でだって、すぐに見つけたはずだ。そして彼女がそんな風に泣きながら笑っているのを見たことはなかった。

6　エトナ山を一回りする客席の声

メッシナ　5月22日朝

ドン・アントニオ・ピッツォラーリ。裕福な中年紳士だ。一五年前には美男アントニオ［ヴィタリアーノ・ブランカーティ（一九〇七～五四）の小説に「美男アントニオ」（一九四九）がある］で知られていたが（それぐらい彼の見た目は輝くようで、彼に恋したたくさんの女たちが彼の前に跪いたものだった）、――シチリア人にとってはかなり遅い――一〇時半になっても、カターニャの素敵な自宅のシーツの中でゴロゴロしている。「もうこの町ではクリスチャンの人間が寝ている権利すらなくなってしまったのか？　この地獄の騒音はなんだ？」（窓の鎧戸の広い隙間から射し込む明るい陽光の中で、彼はパジャマ姿のままよろめきながら窓際へ寄った。鎧戸の隙間から、歓声とともに聞いたことのない名前を呼ぶ群衆が見えた。自転車を押さえている青いマリア《シャツ》の若い男の周りにできたおびただしい人の群れを見て、彼は引っ込み、額に手をやって心の中の鎧戸を閉めて、部屋を暗くした。そしてベッドに戻り、相変わらず美しい顔を枕に埋めて眠りに落

ちた）

一一時三五分、カターニャのパレストロ広場に息を切らせてやってきた少年が言う。「スタート地点はどこ？　え？　もうスタートしちゃったたって？（怒りながら）なんでみんな急に時間通りにスタートしたの？」

溶岩のかけらの間で草を食んでいるミステルビアンコのヤギが別のヤギに言う。「君、コッピのファンだって？　笑わせてくれるな。見てろよ　彼なんかバルタリがエトナ山でぶっちぎってやる」

十八歳のロージ・カプアナがパテルノーのメインストリートの窓際に来て（自分自身に）言う。「それじゃあこうしましょう。もし青いマリアの選手《シャツ》がトップで通過したら、今夜カルロに会える。でも違っていたら彼はもう出発してしまったんだわ」

無慈悲なレースディレクターのジュゼッペ・アンブロジーニは車の中で立ち上がり、深紅色の顔で必死に赤い旗を振りながら、選手や車やトラックやオートバイでごった返しているのに、前に行きたがるジャーナリストたちでぎゅうぎゅう詰めの別の車に向けて言う。「右側キープと言ったはずだ！　いつも真ん中を走っているじゃないか！　右だ、右だ、聞こえてるか？　出入り禁止にするぞ？」

アドラノに住む病気の少女、淡いブロンドの、とても青白い可愛い少女（彼女のために台所の椅子が歩道に置かれている。そこに坐りながら微笑み、隣には二、三人の太り気味の友達が彼女の相手をしている)。「嫌よ、私を放っといて、日光は大丈夫。ほら、あそこにやって来た……ほら、ほら、見てよ、あの後ろ……来たわよ……なんて綺麗な色……みんなお花のよう…」

痛風病みのオリーブの古木が、隣に植わっている若いオリーブの樹に向かって言う。「す《ヴァ》べては虚しい《ニタス・ヴァニタートゥム》と言うのかな? ジロのこの連中は愚かだ、虚しいことのために駆け回っている、そもそも理由もないのに、まるで悪魔にでも取り憑かれたかのように駆け回ってる、と? では他の人々は? 自分はもっと大切なことのために努力していると言ってる人々はもっとひどいのではないかな? ここの連中の方がましだ、まあ、わしの言うことを信じなさい、少なくともこの連中は仲間に厄介な天国を約束しようとしないからね。彼らは無駄な競争をしている、その通り、彼らは何も産み出さない。しかし、ここにいる人たちは、陰鬱な男たちですら、彼らを見て幸せな気分になっている。これをお前はどう説明する?」

前述のレースディレクター、アンブロジーニは相変わらず赤い旗を振りながら言う。「またお前らか? 相変わらず分からんやつらだな、右側キープと言っただろ? 右だ! 右だ!!」

ブロンテの町の群衆の頭上に大きな手書きのプラカード。「コッピ、友人たちが応援してるぞ」

エトナ山が言う。「なんていう不運だ! ジロはシチリアに一九年も来なかった。今年やっと来た。しかも嬉しいことに、わしの周りを回ってくれる。しかも今日はわしを登る。どうでもいいが、わしは風邪気味だ。二日前から視界を遮る頭の周りの嫌な雲を追っ払おうとしているんだがうまくいかん。勇敢な若者たちの姿がまるで見えん。彼らがわしの手足を越えていくのはわかる。すばしっこいたくさんの蟻のようにわしを越えていく。しかし見ることはかなわん」

　柵によじ登っている子供が車に向かって言う。「先頭は誰？　コッリエーリはいる？　誰が先頭なのさ？」（ドライバーは曖昧なジェスチャーで答えて消える）

　噴煙が石化した巨大な黒い溶岩の精。「何かが起きたに違いない。あまり良いことではないだろうな。もしかしてこの世の終わりか？　それとも俺の親父のエトナ山が狂って嘔吐してるのか？　じゃなければなんであんなに急いでるんだ？」

　ミス・シルヴィア・グリーンベッドが、タオルミナのテラスの端に腰掛けて母親に言う。「来てよ、ママ、下のたくさんの車を見てよ。なんて騒ぎなの？　きっと義賊のジュリアーノを捕まえたんだわ、かわいそうな人《プーア・フェロー》。なぜあの人のことをそっとしてあげられないのかしら？　とってもキュートな人なのに！」

　アンブロジーニ。不寛容の塊のレースディレクターは先ほどよりも顔を赤くして、全力で旗を振る。「右だ！　右だ！　いつも同じやつらじゃないか！」（などなど）

　メッシナの市庁舎広場で、歩くようなスピードのオートバイに乗った交通警察の警官が、ゴールラインの両側に押し寄せる膨大な数の人々を下がらせようとしながら言う。「そこのお前、お前のことだ、触るな！　下がれ！　一発食らいたいか？」

長い大通りの最後で、最初の駆け引きを見ようと思った一人のファンが狂ったように言う。「選手が来た！　来たぞ選手が！　頑張れコッリエーリ！　コッ・リエーリ！　コッリエーリ！」

（だんだんと小声になるのは選手を間違えたからだ）

夫人と姪っ子と小さな娘を連れた若い医者が、集団がゴールして間も無い群衆の中で言う。「参ったな。昨日家にいた時は誰が勝ったかラジオですぐにわかったのに。それどころか他の順位だってすぐわかったのに。今日は直《じか》に見に来たら、かれこれ一〇分も聞き回っているのに誰が勝ったかわからないじゃないか！」

メッシナの港に立つ聖母像が、陽光の中で嬉しそうにはしゃぐ群衆を見ながら言う。「主よ！　これまでの生涯でこんなにたくさんの人を見たことがありません。こんなにたくさんの人間を愛さなければならないとは、考えたこともありませんでした」

7　少し変なお爺さんがカンピオーネたちの跡を追う

コゼンツァ、5月23日夜

今朝、メッシナで選手たちはフェリーに乗船した。この船は奇妙なことに船倉を車で一杯にし、小さな階段、ブリッジ、ギャラリー、ベランダ、展望バルコニー、バーやレストランまで備えていて、選手たちはひどくはしゃいでいた。遠足に出かけた小学生のように笑い声を上げ、ふざけて、テラスから別のテラスへコップで水を掛け、向こう岸で彼らを待っているものを忘れているようだった。朝の太陽が軽やかな青い影を落とし、カラブリア地方は、旅行案内所のショーウィンドーで見られるような、幸せいっぱいの一地方のように見える。しかしこのメルヘンのような舞台の背後で待っているのは底意地の悪い山岳地帯だ。フェリーは色とりどりのマリア《シャツ》をいっぱい積んで進んでいった。その間にこっそり海峡を越え、自転車にまたがってシッラへ向かって、ゆっくりと登っていく一人の男がいた。

スタート地点のヴィラ・サン・ジョヴァンニの町長が市庁舎前広場でスピーチし、キャラメルが配られ、それからレースがスタートした。この時、この場所で、世界は素晴らしかった。遠足気分が蔓延し、街道の巨人たちは感動的なほどにのんびりと走った。垂直に切り立った崖下では、海は岸に露出している小さな岩とふざけ合っていた。この瞬間に人魚《シレーヌ》が水面から上半身を見せて、選手たちに淫らに笑いかけた。バルタリのチームのいたずら者のベンソが際どい身振りで彼女に答えた。彼女は可愛い尾びれでぱちゃんと海面をひと叩きすると姿を消した。その間に彼らの前を、先ほど話題にした一人の男ができる限りの力を込めて自転車を進めて行った。しかし見るからに勢いはなくなっていた。

太陽が浜辺に広げられた漁師たちの魚網を乾かし、遠く離れた蒸気船の煙が水平線に現れ、二本の尾を持つ見たこともないような野良犬が隊列の真ん中をしばらく一緒に走った。その尾は一本は正しい位置についているのだが、もう一本は胸からぶら下がっているのだった。だが、おかげで集団がどれほどゆっくりと走っているかがわかった。二度、三度とアタックが試みられ、そこにパスクィーニ、ヴォルピ、セルヴァティコ、パソッティ、他にも何人か名前を忘れてしまった選手たちが加わった。しかしあたりの風景があまりに美しすぎた。これには審美的センスのない選手たちもみんな、こんな場所での労働なんて罰当たりだと、口には出さないまでも思った。それはこれまで人類が見た最も青い海のすぐ上にある庭園を散歩しているかのようだった。大聖堂のように巨大なオリーブの木、ヒナギク、花々、草原、小麦畑、様々な緑なす草花、いつも以上に賑やかにさえずる小鳥たち。広いアスファルト道路の上を、選手たちは並びあって進んでいた。まるで自分たちの好奇心を満足させるためにそこにいるのであって、それ以外ではないかのように。しかし、彼らのやる気のなさにも拘らず、先ほど話題にした一人のサイクリストは選手たちに追いつかれ、追い越され、かわいそうに、置き去りにされた。カンピオーネの一人が彼に声をかけた。なあ、こういう状況では伴走者は集団《プロトン》の前方か後方を走るもので、並んで走ることはないんだぜ。これは受けた。みんなが大笑いした。言われた方は先ほどよりもさらに一人ぼっちになったが、できる限りの力を振り絞ってペダルを踏み続けた。

「できる限りの力」はわずかだった。だが、すでに一昨日昨日と、パレルモ～カターニャ間とカターニャ～メッシナ間を、ジロのコースを、山を越えて走ってきた五十七歳の男に何を期待できただろう？　毎年ジロには、何を好き好んでか、苦労しながら本物の選手たちと張り合おうとする特殊な同伴者が現れるそうだ。去年などは兵舎から脱走した兵士が混じっていたらしい。今年の場合はもっと熱い。そう、老人と言っても良い五十七歳のヴィト・チエオとかいう名前のカルボナーラ・ディ・バーリ［プッリャ州。イタリアの踵あたりに位置する町］に住む農夫だ。彼の話では、若い頃にはニューヨーク～ロサンゼルス間を二五日で走って新記録を打ち立てたのだそうだ。バーリからロードレーサーで来たのだが、スペアタイヤを持たず、金も一リラすら持たずにこの何日かをかけてシチリアへやってきて、一昨日の早朝にジロの選手たちのスタート前に出発したのだ。そして彼はカターニャに到着した。レガルブートの町で力が尽きて宿泊しなければならなかった。しかし昨日はレガルブートからメッシナまで走りきった。そして今朝、彼はまたサドルに跨った。狂人なのか、何かに憑かれているのか、自転車の狂信的信奉者か、それとも一種の放浪の騎士なのか？　彼の妻――ヴィト・チェオには妻もいれば、二人の子供と小さな孫娘までいるのだ――はなんと言っているのだろう？　「女房は大女で、食えて飲めりゃ文句は言わない」と言いながら、ポケットから脂染みだらけの秘密の記録帳を取り出す。この染みこそベテランサイクリストの証明だ。彼が身につけているのは自分の乗る自転車メーカーの名前入りマリア《シャツ》とニッカボッカー、ハイソックスとシューズだけで他には何もない。小柄でずんぐりして肥満体である。サンチョ・パンサの体つきをしたドン・キホーテ。だがミラノまでたどり着くことを誓った。そして今、ゆっくりとペダルを踏んでいく。

　ミレトの近く、近づいてくるキャラバン隊の騒音で、小さな馬が逃げ出して狂ったように野原を駆け回った。ナトゥッツァ・エーヴォロ［（一九二四〜二〇〇九）イタリアの貧しい家に生まれた神秘家。一九四四年ごろから聖母や聖人の声が聞こえ、身体に血で聖人の像やラテン語の聖なる文言などが浮き出る「奇跡」が起きるようになった。それはハンカチに写し取られた。彼女は教育を受けられなかったために、文字を書くことも読むこともできなかった］という「血を流し、声を聞く」若い女性が子供を腕に抱えて玄関の前に出てきた（彼女はちょうど五枚のハンカチにアイロンをかけていたところで、そのハンカチには彼女の肌に浮き出た聖人や聖体顕示台や木の枝やラテン語のフレーズの神秘的な絵が示されていた）。

「誰が先頭？　まだ来ないの？」と、赤い帯の神学校生たちが海岸の道で私たちに尋ねた。

私たちは海辺にやってきた。道は登りになり、親しみを感じさせない緑色の山に向かっていた。ついにだらけた大集団は急勾配という鞭を当てられ、引き伸ばされていくつもの小集団に分解した。そしてその後から、どのぐらい離れているかはわからないが、非常識な老人ヴィト・チェオ、つまりサンチョ・パンサの顔をしたドン・キホーテが人気《ひとけ》のない街道を、ペダルを一踏み一踏み進んで行った。

陽は見えなくなった。その代わりに鈍色の雲が出てきた。もう庭園のような景色ではなく、誰も足を止めたいとは思わないような陰鬱な渓谷になった。時折、信じられないほど上の方に村がポツンとあって、普通の家とたくさんの人たちがいた。そして彼らが私たちに質問するのはただ一つ、「バルタリ、それともコッピ?」彼らを失望させたくなかったので私たちは黙っていた。他の選手の名前を出せば、彼らががっかりするのは明らかだったからだ。バルタリとコッピは関わっていなかった。先頭では二人の無名の若手選手パソッティとデ・サンティが逃げていて、恐ろしい登りと下りに立ち向かっていた。雨が降ってきた。スズメを追い払うために畑の上にぶら下げられていた黒い布切れが、まるでバルタリを応援するかのように揺れていた。しかしバルタリは必要なこと以外何もしなかった。私たちは霧の中に入り、また出てきた。デ・サンティが全力でもがいてパソッティに追いつき、追い抜いて一人になった。「トップは誰だ?」いたるところで人々が目を輝かせながら尋ねた。しかし私たちにはそれに答える勇気はなかった。それに、あのチェオ爺さんはどこにいったのだろう?

山腹で昏倒したか、それともトラックに乗せてくれと合図しているのか、あるいはまだ頑張っているのだろうか？

道ばたにはカルドゥッチ［ジョズエ・カルドゥッチ（一八三五～一九〇七）イタリアのノーベル文学賞詩人。「牡牛」という題名の有名な詩がある］ばりの並外れた牛が二頭立っていた。じっと動かず谷底側、つまり向こうを向いて、車列の突風が走り抜けていくときにも、その頭を微塵もこちらに向けなかった。道はいかにもハイエナや盗賊がいそうな林に通じていた。しかしそんなものは出てこなかった。ほとんど力の限界まで達しているにも拘らず、デ・サンティはコゼンツァに向かって、相変わらず一人で走っていた。ソヴェリア・マンネッリ、マルツィ、ロリアーノを通過した。それから長い直線路がやってきて、最後のものすごい下りになる。デ・サンティはトップでゴールに到着してこのステージの優勝者になったが、地元の銀行が設けた二分リードの特別賞金十万リラは貰えなかった。パソッティの遅れは三六秒に過ぎなかったからである。さらに一分半の差でメイン集団がゴール。バルタリはペダルから足を外す前に、雪崩のように押し寄せる崇拝者たちに押し倒されてコブを作った。イタリア系アメリカ人のディ・バッコはナンバーRC4730の車によって引っ張ってもらったことで失格になった。ヴィットリオ・セゲッツィはフィアンセからの手紙を受け取った。そこには、もしそれなりのお金を稼ぐことができなければ結婚しないだろうと、思いやり深いことに暗示的に書かれていた。もし彼が少なくともいくつかのスプリント賞で賞金を稼ぐことができたら良いのだが、とも書いてあった。マリオ・ファツィオは集団スプリントで他の選手を押したため、ステージ7位から降格になった。

ところであのお爺さんは？　九時になっても現れなかった。真夜中前に到着するだろうか？　私たちは、悔しさに打ちのめされた老人が、喘ぎながら慈悲深いトラックに荷物のように運ばれる姿を想像するべきなのか？　あるいは歳月の卑劣な悪意に逆らったナイーブな心が勝利する姿を信じても良いのか？　私には彼がふらつきながら無様な姿で、しかし英雄のように暗い森の中を進んでいくのが見えるようだ。頑張れ、チェオ爺さん。君には見えないだろうが、死せしカンピオーネたちの影が君に寄り添い、幽霊の足で幻のロードレーサーを進めているぞ。彼らもまた結構な歳だ、老いて疲れ、そしてやっぱり少しおかしい。彼らは君に静かに付き添う。間も無く君を勇気付けるために、カラブリアのカエルたちも小さな行進曲を歌うだろう。そして普段は微かな明かりしか灯さないホタルが、君だけのための標識灯になるだろう。

8

コッピもバルタリもエボリで止まらない

表題はカルロ・レーヴィの小説「キリストはエボリで止まった」のオマージュ。イタリア最南部のエボリより南へは、キリストも足を踏み入れなかったと、その地域の人々が自虐的に語るほど、経済的に取り残された貧しい地域であった。戦前にレーヴィは反ファシズム運動で逮捕され、この地に流刑になった。この小説はその時の経験をもとに、この地の風景や人間関係、風俗や迷信などを描いている。

サレルノ、5月24日夜

拝啓　コッピさん、謹啓　バルタリ様（こんな風に書いてみたけれど、それはバルタリがちょっと私を怖気付かせるからだ。彼は自転車に乗っているときにはしかめ面で、乗ってない時にはほとんど姿を見せない。ホテル滞在中もロビーや廊下で見かけることはない。例えば昨日の朝、フェリーでメッシナからヴィラ・サン・ジョバンニへ渡る時、ほぼすべての選手が部屋から出てきて同乗の旅客に姿を見せ、話しかけられていたが、バルタリだけは違った。今でもまだ謎だ。おかしい、彼は一体どこに隠れていたんだろう）。というわけで、拝啓　コッピさん、謹啓　バルタリ様、ここで語っている私は自転車競技のことをなにも知ら

ない。シフトチェンジのこともギア比のこともまったく何もわからないのだから、レースでの戦術も皆目見当がつかず、この何日か、多くの関係者たちの間でほとんどスキャンダルになりそうな馬鹿な質問を繰り返してきた。恥を忍んでさらに付け加えておきたい、君たちがこんなことをする理由は神聖不可侵だ、と。それぞれのチームと君たちの家族に対する責任は理解している。君たちがその責任を果たそうと一所懸命なのもわかる。気障な見栄を張りたくて、ジロのような長く過酷なレースの総合順位を棒に振ったりしたら愚かだ。しかし、私は今日のコゼンツァからサレルノへの恐ろしいステージの凄さを追体験することができる、あるいは少なくともできたと信じられるようになることを願っていた。二九八キロ、ほとんどが山の中で、とても険しい登りと下りが気持ちを萎えさせるように間断なく続き、一分間と言えども休むことを許さないステージ、加えて風と寒さ、霧と雨という嵐のような天候、それ以外にも日が照っていたら魅力的な風景も、今日はおぞましく凶暴で人をはねつける。こんなステージを走らせるのは選手たちへの警告のようなものなのだ、と長年ジロを見てきた古参の仲間から聞かされた。つまり、へたばりたくなければ、力を温存せよ、用心せよというわけだ。本当にそうなのか私にはわからない。いずれにせよ今日のコースを案内され、ここを百人以上の自転車に乗った男たちが、平均時速30キロ近くで走ると聞かされたら、多分信じなかっただろう。だが結局、実際の結果を見れば、君たちのレース戦略が賢かったことは認めよう。君たちはゴール前数キロまで集団で走り、エボリの前の最後の下りでベヴィラッカとカルジオリとともにアタックしたレオーニを、やっと本気になって追いかけた。サレルノのスタジアムの直前、熱狂する観客の二つの列の間で三人は吸収されて、ゴールスプリントではもっと有名どころがやすやすと勝った。コッピが1位。レオーニは2位だったが、通常のスプリントなら勝てたはずだった。しかし無駄な逃げ《フーガ》で力を使い果たしていた。3位は当然バルタリだった。結局のところ、君たちは完璧にうまくやったのだ。

しかし今、私のような門外漢が質問することを許してほしい。君たちがカラブリア地方を駆け抜けた時、彼らのことを、君たちを待ち続けた人々のことを見ただろうか？　目を輝かせて君たちに手を伸ばした、あの何千という人々の顔を思い出せるだろうか？　そこには年齢も職業も関係なく、農民も牧人も、母親も左官も、娘も僧侶も、警官も老婆も、市長も秘書も、道路清掃人も教師も、数限りない子供たちもいた。君たちは、エボリまでしか来なかったキリストが、決して足を踏み入れなかったはずの寂しい谷間を走り抜けてきた。しかし森の脇の巨礫の上で、険しい道の土手の上で、男たちも女たちも君たちを待っていたのだ。たくさんの人たちが君たちを応援したくて、何キロも歩いてきたのだ、太古の岩山の上の、神にも見放されたような村々から降りてきたのだ。君たちは、そびえ立つ山の斜面にかろうじてしがみつき、中央通りの勾配が30％もある信じがたい集落を、この世のものとは思えない風景の中を走り抜けてきた。それらを遠く谷の向こうから眺めれば、あんな上の方で自転車競技に興味を持つ人がいるなどと、誰が考えるだろうか？　世界から見捨てられた人々の奇妙な離れ小島、ありえない町々、あるいは蜃気楼のように見えるのに。しかしその道は両側を幸せそうな人々が埋め尽くしていた。そうなのだ、その人々は無条件に幸せだった。こんなにも純粋で善良な人たちがいるなんて信じられない話だ。君たちはこんな人たちを他のどこでも見ることができないだろう。君たちは二人とも馬鹿ではないのだからきっとわかるだろう。

君たちがたとえどれほど集中して走っていたとしても、ジロ・ディ・イタリアがこの地方でどういう意味を持っているか予想はできたはずだ。彼らは笑っていた、彼らがどんな風に笑っていたか、君たちは見ただろうか？　君たちのスポーツはもはやただのスポーツではなかったし、君たちもただのカンピオーネではなかった。君たちは豊かで幸福な世界の化身だったのだ、これはレトリックではない。数秒に過ぎなかったが、やはり本当に来たのだ――この忘れられた古い家々に挨拶するために、とうとうやって来たのだ。嵐であろうと、君たちは一種のアメリカの豊かな明かりをもたらしたのだ。ミラノの明かり、トリノの明かり、北イタリアの豊かな都市が、その遠く離れた貧しい妹たちを思い出してくれたのだ。

また君たちカンピオーネの数キロ前を車で先行していた私たちに、人々が何を尋ねたか、君たちにわかるだろうか？　多分、君たちよりもずっと苦しまねばならない他の選手たちにとっては不公平なことかもしれないが、人々は常に二つの質問しかしなかった、しかも生きるか死ぬかのような、ほとんど絶望的な熱意で。コッピは？　バルタリは？　彼らは何をしている？　コッピは前にいるのか？　バルタリが他の選手を引き離しているのは本当か？

　この間も君たちは完全無欠の計画通りに、力を賢く振り分けた。大勢に影響のない未熟な選手が逃げても、君たちはそれを許した。君たちは終始集団の中ほどの一番良いポジションを守り、無駄な力を使うこともなかった。君たち二人の間には（間違いなく計算づくだったのだろうが）伝説となっている例の緊張感［前年の世界選手権でのコッピとバルタリの牽制のことだろう。詳しくはベンヨ・マソ『俺たちはみんな神さまだった』（未知谷）三二七頁参照］はまったくなかった。バルタリ、君は今日パンクが三回もあったのに、誰もそれに乗じて逃げようとしなかった。素晴らしい支配力だと言っておこう。しかしこの人々、この単純な人々は私たちにちょっと似ている、こと自転車競技になるとロバになってしまう私たちに。みんな君たちのことを盲目的に信じ、君たちを英雄でありアイドルであり無敵の存在だと思っている。彼らはどんなに謙虚な人でも夢見ざるを得ない馬鹿馬鹿しい夢を君たちの中に見たのだ。彼らには君たちが先頭にいなかったことが、単独で逃げていないことが理解できなかった。だって君たちは最高の選手じゃないか。なぜ君たちは先頭を走っていないのだ？

　そんなことはナンセンスだと私にだってわかる。君たち二人のうちどちらでもいいが、各村落のコーナーを圧倒的な力でトップ通過し、スプリントになれば必ず勝ち、どんな登りでも他の選手すべてをぶっちぎっていくことを、誰が望むだろう？　そんなことができる選手が存在したことはなかったし、これからもないだろう。彼らだってそんなことを考えたことはないだろう。チェスの名人の対局で、常に天才的な手を期待するアマチュアにちょっと似ている。名人たちの対局が往々にしてリスクと衝動的な手を排除した退屈な物語になることを、私たちはよく知っている。君たちは君たちの仕事を、君たちがよくわきまえているルールに従って実行している。そして今日もまたすべてはうまくいった。しかし、親愛なるコッピさん、バルタリさん、正直に言って欲しい。君たちの能力からして、もう少しうまくやれたのではないのか？　合理的に見れば、そんなことをするのはおそらく馬鹿げているのだろう。しかし、君たちなら人々をもっと幸せにできたはずだ！　それは双方に都合の良い取引になったのではなかろうか？　そうしていれば人々はさらにもっと君たちのことを好きになっただろう。昨日と今日、君たちを待っていた子供たち、娘たち、老人たち、憲兵たち、農民たち、神父たち、そして君たちが通過したロザルノ　ヴィボ・ヴァレンツィア、コラチ、ロリアーノ、タルシア、ラウリア、ロゴネグロ、アウレッタ、エボリの住民たちのことを、たまにでいいから考えてほしい。彼らはどれほど君たちを見つめ、笑いかけ、君たちに熱狂したことだろう。たまにでいいからそのことを考えてほしい。

　多分私が間違えているのだろう。明後日、ナポリへ向かう時に、君たちのどちらでも私に反論する時間があるだろう。そして最後に、私が言ったことは忘れてくれたまえ。

9　カンピオーネの部屋は入室禁止

アマルフィ、5月25日夜

もう昼だが、あのカンピオーネはまだ寝ている。あの彼が、緊張があって初めて心地よいと感じる彼が、なぜそんなに疲れているのだろう？　他のみんなはサレルノの街を散歩している。今日は幸運にも陽が出ている。彼らはすでに蔓草の天蓋の下でテーブルにつき、彼らのために辻音楽師たちが無料で一番の十八番《おはこ》を演奏している。彼は、まさか昨日のステージで疲れ切ってしまったのだろうか？　いやそうではない、彼の取り巻きたちがホテルのロビーで曖昧に答える。彼は言葉通りの意味で寝ているわけではない。いや、起きている、と彼らはいう、ただベッドに横になっているだけだ、起き上がる気がないのだ、それだけだ、彼は食事もベッドで摂るつもりだ、と。

では体調が良くないのだろうか？　医者が診察時に驚嘆の声を上げた彼の非の打ち所のない身体が、ごくわずかでも何か機能不全を訴えたのだろうか？　コゼンツァのゴールで転ばされた後遺症か？　外では陽が照っている。ファウスト・コッピは青い普段着のシャツと長ズボンで、宿泊しているアマルフィ近郊を時速7キロにもならないゆっくりしたスピードでペダルを踏み、目が眩むような高台の家々や、ワーグナーのオペラに出てきそうな岩山や、ホメーロスの叙事詩にあるような素晴らしい海の景色を楽しんでいる。こんな日に彼の最大のライバルがまだベッドに横になっているとは、どういうことなのだ？

いや、ふざけて言っているのではない――彼の取り巻きたちは楽しげな笑みを浮かべて答える――いや実際は彼にとってこれ以上良いやり方はないのだ。実際は彼はベッドで横になっていない。そもそも彼はベッドにはいない。すでにだいぶ前に着替え、毎日の体調管理では、医者は異常を何一つ見つけられなかった。不調を思わせるものはまったくなかった。彼はただ部屋にいる方が良かっただけで、誰とも会いたくなかっただけなのだ。では彼は機嫌が悪かったのか？　やる気がなくなったのか？　悪い知らせでも？　ナーバスになっている？　彼を見守っている者も、警護をしている者も、代理人も、アドバイザーも頭を振る。ナーバス？　ナーバスなんていうものは彼には無縁だ。彼の場合、心臓と血液循環機能が他の機能を圧倒している。心配とか不安、緊張とか気がかりというものは、彼にとっては空疎な言葉なのだ。

それから？　ホテルの一階では二つの自転車チームが楽しげにテーブルについている。彼はいない。用心のために信頼された給仕人または彼の専属マッサーが、食事盆を手にこっそそりと部屋に入る。ホテルの玄関越しにファンたちは目ざとくロビーを運ばれていくスープ鉢や皿の輝きを見つける。バルタリの朝食《ティフォジ》だ！　衝撃が走り、朝早くから待っていた少数の人々は色めき立つ。すぐにこの喜ばしいニュースは広まる。

不思議なことだ！　他の選手たちはみんな、自転車から降りれば、例えばレストランやカフェに入っていっても、ほとんど気づかれないぐらい違った姿を見せる。演技をやめ化粧を落として、我々と同じ死すべき存在に戻った俳優のようだ。だが彼は違う。レースが終わってからも、彼はどこかの誰かに戻ることはない。彼は「カンピオーネ」であり続ける。私たちの日常の世界の中で異邦人であり続ける。不思議なことだが、私はこの神話的な姿はもっぱら素朴な大衆向けのものだと思っていた。彼の周りの親しい人々の間では、彼は突出して優れた自転車選手であるとともに、他の人々と同じ人間だとみなされているだろうと思っていたのである。偉大な芸術家や大物政治家でもそうではないだろうか？　日常の中で近くから観察すれば、そうした人たちも台座から降りてくるものだ。崇拝の念は消え、俺お前の仲になり、冗談を言い合えるようになる。ところが、コッピとバルタリの場合、いや、特にバルタリの場合、友人たちの間でも神話のままなのである。彼らを天才と見做さなくても、敬意を持たず対応しようとする者などいないだろう。

彼らの一挙手一投足が注目を浴びる。彼らが頼りにしていて、自転車競技の長老であるはずのチーム監督たちですら、そして常になんでも容赦なく疑うように鍛えられているジャーナリストたちですら、この二人のカンピオーネの前では、知らず知らずのうちに尊敬の念以外の何も持てなくなる。もちろん彼ら自身はそれを否定するだろう。彼らが偶然この文章を目にすれば笑うに違いない。しかしこれは本当のことなのだ。そしてここで私は一つの疑惑に捉えられる。もしかしたら観客たちは、最前列の人たちも、最高に無礼で不遜な連中も、この二人の男のとてつもない能力に、――むき出しの根源的な、言うなれば肉体のおおもとの力に――何か神秘的なもの、聖なるもの、一種の気品、超自然的な力の印を感じ取ったのだ。もしかしたらこれが、スポーツが人々を激しく魅了する理由を説明してくれるのかもしれない。これが、普通なら馬鹿げていると思うことを――なにしろ理性的で教養ある人間が冷静さを失い、たかがサッカー選手や自転車選手のために熱狂して叫ぶのだ――正当化してくれるのかもしれない。ここで、しかし現代の世界が神秘主義の密かな欲望をスタジアムの観客席で表すとは恐ろしいことではないかね、と異論を唱える人もいるかもしれない、これは恥ずかしいことではないかね、と。無論それに答えるのは難しい。しかし狂ったようなファンたち《ティフォジ》の興奮は、最初に感じられたよりはずっと上等なものだと言うことはできよう。

　くだんのカンピオーネは部屋にこもったままだった。彼は食事をし、マッサージを受け、手紙を開封し、新聞を流し読み、部屋へ入れた少数の人と話し、その際一昨日の落車を愚痴り、彼の名前を呼び続ける下の路上の人々の叫び声に文句を言い、その他あれこれと不平を述べた。彼は唐突に一つの話題から別の話題へと話を次々に変えた。レース中に決してあきらめない者がいるとしたら、それは彼だ。たとえ調子の悪い日に大きく遅れたとしても、彼は耐え抜く。ほとんど彼は、——恐らくは彼の信仰心がここで一役買っていたのだ——苦痛に一種の辛い慰めを見出すかのように思えた。不運を天から与えられた試練として見ているようだった。

しかし時間が経つとともに、彼の中に奇妙なイライラ感が高まってきたようだ、余計な来訪や熱狂しすぎの崇拝者たち、生きていれば否応無く生じる様々な雑事に対してだろうか。誰にそれがわかるだろう？　誰が彼の心の底を読み取れよう？　名声が彼を不安にさせ、自分の将来を考えさせることになったのか？

そうこうするうちに休息日は終わる。レース前夜の儀式が始まる。みんなが寝て空になったホテルの一室では、バルタリのチーム監督ヴィルジニオ・コロンボがチーム員のための携帯食料を作っている。テーブルの上に選手の名前のついた七枚の紙片を並べ、それぞれに薬剤師のような注意深さで決まった食料を分けていく。

「みんな同じ量ですか？」と私は尋ねる。

「もちろんみんな同じだよ」

「では、どうして」と私は言う、「このバルタリ用にはオムレツロールが四つあるのに、ベンソには三つしかないの？」

「いや、それはあり得ない」

「どうしてあり得ないの？　数え直してごらんよ」

コロンボは確かめ、ちょっとびっくりする。「おお、本当だ。私が間違えていた」。そしてベンソにオムレツロールをもう一本加える。

それはついうっかりした、他愛のない誤りだったのだろうか？　そういうことはよくある。しかしそれはオムレツだけではない。バナナもバルタリの分は多かったのだ。三本ではなく四本だったのだ。私がそれに気づいたのがわかったのか、コロンボは落ち着きなく不審げにこちらを見る。

「バナナは？」と私は尋ねる。

「バナナがどうしたって？」

「ああ、いや、なんでもない」

これ以上指摘するのは意地が悪いことなのかもしれない。

10　一瞬だが、バルタリがやられたかと思われた

ナポリ、5月26日夜

バルタリが遅れた。サレルノから五〇キロのプラトラへの登りで、ファウスト・コッピが全力を出した。彼は一一人のグループの先頭にいた。彼は一人だった。このグループには彼のチームメイトはいなかった。バルタリは？　と人々は尋ねる。バルタリはそこにいない。バルタリは第二グループにいるのか？

陽光、緑なす丘、一人の僧侶、松の木々、ぶどうの木々、一本のポプラの木の下にはさらに三人の僧侶たち。拍手する小さな少女。時々道路修復中のところで埃が風に舞う。考えつく限りの様々な年齢の子供たち。車椅子の障害者が一人。東からは雲が出てきた。白いキャップの下の日焼けと疲労で赤くなった尖った顔。彼は振り返る。誰もアシストには来ないのか？　そうだ、誰も来ない。彼はすでに四〇〇メートルリードした、今はそれが五〇〇メートル、六〇〇メートルになる。

先行する私たちに、南部特有の問いかけるような、指先を上に向けて伸ばした手が振られる。ほとんど激昂しているような強烈な叫び声。彼らは一時間前からここで待っていた。そして知りたがっている。誰が逃げているのか？　誰が勝つのか？　何にも教えてくれないなら、あんたらは何のためにここにいるんだ、と言っているような風情。誰が逃げているのか？　コッピだ。いいぞ、と少年が叫び、飛び上がって、喜びのあまり隣の子とパンチし合った。この瞬間、彼らは私たちに抱きつき、嬉しさを表現するためならなんでもしかねない様子だった。しかし、笑いたくなるぐらい瞬時に曇ってしまう顔もあった。バルタリは？　バルタリはずっと後ろだ。バルタリはちぎれたのか？　彼らはそう叫びながらも、そうではないという返事を待っていた。私たちにはそれを否定することはできなかった。まさにそうだったのだから。しかし議論する時間はなかった。私たちは飛ぶように風景を走り抜け、右にも左にも新たな顔が何千も次々と過ぎ去り、最高度に熱狂した肖像画が延々と続くギャラリーのようだった。彼らはすべてを忘れていた、自分たちが誰なのかも、自分たちを待っている仕事のことも、病気のことも、嬉しいことも、支払いのことや頭痛や色恋のことも。ファウスト・コッピが逃げ、バルタリが遅れているという大切なこと以外すべてを忘れていた。

サン・ジョルジオ。もっとも都合の悪い時間帯だ――国中で昼寝の時間帯で街道はひと気なく、牛飼いがブナの木陰で居眠りし、静かな台所ではハエの羽音、外では蝉の声。しかし今日はみんな街道に出てきている。犬ですら居眠りせず、狂ったように飛び回り、近づいてくる車の地獄のような轟音から逃げようとする。コッピと他の一〇人が通過した。秒針がどんどん回っていき、追走者たちはまだ現れない。やっと現れた。バルタリが先頭を引き、苛立ったようにこちらを見る。その顔は力を振り絞ることで膨れ上がったように見える。苦痛で引きつっているのではない。彼もまた一人だった。彼に変わって先頭を引く選手はいない。

周囲の景色は素晴らしい。晴れ渡った盛夏の典型的なイメージ。だがここでドラマが起きているのかもしれない。この愉しげな野の真っただ中で、ジロは決定的な瞬間を迎え、悲嘆にくれる者が一人出るのかもしれない。老いた獅子バルタリに、遅かれ早かれいずれ来るはずの日、それがこの日なのか。その至高の時が過ぎ、ついに青春の時は潰えるのか？　この五八五メートルの高さしかないつまらぬ丘で、彼の魔力は消えてしまうのか？　これまで忠実な守護神として君の名を高めてきた天賦の才が、もう君の呼びかけに応えなくなったのか？　君も他の選手たちと同じになってしまったのか？

いつの日にか、そうした神秘的な才能が無くなることは君も知っている。レースの最中にまったく突然、君は奇妙な孤独を感じるだろう。それは戦いのさなか、命令を下そうと振り返ると自らの軍勢が魔法のように消えていた王が感じるような孤独。そんな恐るべき瞬間がくるだろう。しかしそれはいつ？　君にはそれはわからない。それは、ジロでもっとも難易度の低いステージの一つである今日かもしれない。運命には悪意があるし、思いがけない皮肉を好むから。差はすでにほとんど一分半になっている。だが充分とは言えない。パンクはいつだって起こる。

今日、偉大なバルタリの運命の時が来たのかもしれない。そして二〇年後、私たちは老いて時代遅れになったジャーナリストとして、夜遅く編集部に戻ってきた若い同僚に、それをメルヘンのように物語るのかもしれない。

私たちの自転車競技の歴史の大事件が目前に迫っているようだった。一つの時代の終焉と王冠の委譲。無限に長く伸びる隊列や村々の群衆や、すでにラジオがこのニュースを伝えた遠くの町々のスポーツファンたちを、不穏な空気が覆った。しかし忠実な守護神たる天賦の才は、そう簡単に彼を裏切らなかった。目には見えなかったが、それはまだこのカンピオーネの側にいた。バルタリがパンクした。彼はホイールを一二秒で交換した。そして追走集団に飛びついた、一層不機嫌に、一層強情そうに。アスファルトに書かれた彼を応援する大きな文字が励みになるだろうか？　声援が彼を力づけるだろうか？　彼の蔑むような冷淡さから推測すれば、おそらくそれはない。彼は常に集団を引っ張り、疲れを知らない。そして遅れは挽回され、バルタリの目にはすでに街道の果てに、ラックの上でスペアホイールがきらめく各チームの色とりどりの車が見えている。逃げた集団とそれほど離れていないことがわかる。

ベネヴェントの街。信じられないほどごった返した群衆、人でいっぱいのバルコニーは今にも重さで崩落するのではないかと思われるほどだ。カンピーリ［マッシモ・カンピーリ（一八九五～一九七一）イタリアのキュービズムの画家］

の絵が思い出される。行け、バルタリ、あと六キロあれば追いつけるだろう。すべて一人でこなさなければならないコッピはおそらくバテている。その集団にいる現在マリア・ローザのコットゥールのために力を使うのもバカらしい。ドラマは終わった。緊張は緩み、すべては毎日のルーティンに戻っていく。

モンテ・サルキオの山岳ポイント（レオーニが獲得）でのスプリントに乗じたビアジオーニが一人で逃げたときにも、エースたちは反応しない。警報は彼らに衝撃とはならない。ビアジオーニは総合順位ではずっと下の選手だ。おかげでトスカーナ出身のこの若者は、二つの黒く波打つ人間の壁の間を走り抜ける喜びを独り占めする。この人垣は最後の四〇キロを隙間なく埋め尽くし、ガゼルタ宮殿への荘厳な並木道に通じている。この並木道は昔の凱旋行進で宮殿へいくために特別に作られたものだ。

街の中心も郊外も、非常にたくさんの人々が沿道に詰めかけていた。私たちが猛スピードで走り抜けていくと、背後から波のようなどよめきが聞こえた。その波はビアジオーニに打ち寄せ砕けた。この世界にこんなにたくさん人間がいるなんて考えられるだろうか？　国勢調査の専門家たちは一杯食わされたのだろうか？　イタリア中がこんななら、人口が四千五百万のはずはない。

想像を絶する群衆、どんどん増加していき夢の中でしか見られないような大群衆に吸い込まれるように、ビアジオーニはナポリの街へ疾走した。ゴールのアレナッチャ・スタジアムの沸騰状態について何か言う必要があるだろうか？　ちっぽけな自転車の到着を迎えた雷鳴のこと？　四分遅れでルチアーノ・マッジーニとファウスト・コッピを破って2位になったレオーニの、素晴らしくエレガントなスプリントのこと？　歓声と花束とお祭り騒ぎとカンピオーネたちのための抱擁のこと？　ナポリの街を覆って蜃気楼の町にした黄金の砂塵のこと？

11

モンテ・カッシーノの亡霊たちがジロのせいで目を覚ます

モンテ・カッシーノは第二次大戦の激戦地。山の上に六世紀以来有名な修道院があったが、町とともに徹底的に破壊された。

ローマ、5月27日夜

なぜ今日、古代の高貴なカッシーノの町が、ナポリからローマへ向かうジロ・ディ・イタリアの選手たちを待っていなかったのだろう？　それは思いやりだったのかもしれない。しかしかわいい娘が窓辺に立つことはなかった。そもそも窓がなかった。開いた窓があるべき壁がなかった。色とりどりの薄紙で作られた花綵《はなずな》も、薔薇色に塗られた小さな古い家々の間にぶら下がってはいなかった。そもそも家がなかった。道もなかった。陽に焼かれて色あせた不恰好な石ころ以外何もなかった。粉塵、雑草、藪《やぶ》、そして数本の木、それらは、今後ここでは自然に決定権があることを物語っていた。雨、風、太陽、トカゲ、植物界や動物界の理屈がすべてを命じるのだ。ここで何百年も生き、働き、愛し、石を積み上げて作った居心

地の良い家（その家も今は何も、本当に何も残っていない）で子孫を産み育ててきた我慢強い人たち、つまり人間に決定権はもはやなかった。

しかし本当に谷の斜面で陽を浴びている白い巨大な痛ましい傷跡には誰もいなかったのだろうか？　いや、そこには誰かがいた、見分けのつかない欠片《かけら》になって、骨の破片や灰になって、あるいは歪んだ石の下に埋められて、誰かがいたのだ。老人だったかもしれない、あるいは女だったかもしれない、それとも最新モデルの大砲で、世界が未だ見たことがないほど念入りかつ徹底的に破壊しようとした時にも、絶対に外に出ようとしなかった若者だったかもしれない。結果的に残った壁の残骸は二メートルの高さもなかった。小柄な兵士が身を隠せるような最小限の遮蔽物すらなかった。すべては世界の始まりの時のようにぺっちゃんこだった、いや、もっとぺっちゃんこだった。世界の始まりの時にはおそらく木々や藪が生い茂っていただろうから。

「ジロですって？」と一人が答えた、「しかし古都カッシーノでは準備ができてないし、ちゃんと選手たちを迎えるためには、何もかもが足りません。わかってください。選手が走るための道路がないし、選手を見ようとする目も、歓声をあげる声も、拍手する手もないんです」

「さあ、起きなさい。ちょっとだけでいいから。バルタリがあそこにいるし、コッピもいる。君たちは彼らを見たくないのか？　興味もないのか？　ほら三〇秒でいい、ちょっと頑張ればあとはまた寝ていいから。彼らは、街道の巨人たちは速いから、ほとんど目にも止まらないぐらいだから、すぐに行ってしまうよ」(しかしこれは嘘だった。今日は街道の巨人たち、長距離を貪り食う人間機関車たちは、むしろだらしないカタツムリと比べるべきだったからだ。仲良しグループでおしゃべりしながら走り出し、一所懸命走ることなど夢にも考えなかった。そして最後にローマの入り口でやっと、将来性豊かな若手たちによるお決まりの逃げ《フーガ》が決まり、エースたちはそれを気にしなかったので、八人の謀反者——リッチ、フロシーニ、パソッティ、ヴィンチェンツォ・ロッセッロ、シエール、ブサンカーノ、セラミ、デュビュイッソン——はリードを保ったままアッピオ自転車競技場《ヴェロドローム》になだれ込み、上記の順番でゴールを越えた)

「いや、いや、眠らせてくれ」と答える声、「残っている他の人たちに、向こうにいる人たちに言ってくれ。見えるかい？　あそこの谷が広くなっているところ、建て直ししてるところだよ。新しいカッシーノだよ。もうできてるだろ、彼らはよく働くじゃないか？」

「見えるよ、うん、でもあれは何か違う。人間の辛抱強さの感動的な素晴らしい証明ではある。でもこの新しいゾッとするような刑務所じみた建築物は昔の町とは関係ない。こんなおぞましい家での生活は不快で悲惨だろうから、うまいやり方とは言えない。これはカッシーノではない。谷の斜面の傷跡をさらにおぞましくする変な違う建物だ」

「確かにそうだ」と言う声、「しかし遅すぎる。もし私たちが一分間だけでも起き上がれば、生者はびっくりするだろう。彼らは私たちのことを思い出し、私たちが静かで穏やかに地中にいる限りは好意的だ。随分多くの時間が過ぎた。時間はすべてを消してしまう。ここは私の部屋だった。ベッドがあり、聖人像があり、壁にはとうもろこしの穂軸、銃、二、三冊の本、洗面器の乗った台があった。今ではくるみの若木が立ち、枝ではコマドリが跳ね回っている。おそらくこれは良いことなのだ。ジロを諦めることだってそうさ」

「ジロ？　そりゃ何だい？《ホワッツ・ザット》」クラクションと自転車のざわめきで目覚めて、尋ねたのはマーチン・J・コリンズだ。かつて彼は兵士で、弾薬補給係だったが、今は蒼ざめた幽霊となって永遠にここに落ち着いている（白い火柱が上がって、粉塵が飛び散り、爆発の音がした。そしてハンサムな若者たちは誰も残らなかった。ヘルメットすら残らなかった。彼も塵になり、曖昧な記憶になった）。やっとのことで、幽霊は石と風と陽光でできた質素な墓から眠たげな髑髏《しゃれこうべ》を持ち上げる。

「何が起きてるんだ？《ヴァス・イスト・ロス》」と一メートル離れたところでかつての軍曹フリートリヒ・ゲスターンが尋ねる。彼もまた見事な銃撃のために純粋な記憶に姿を変えている。寝ていたのに車の轟音に目を覚まし、よく見ようと眠そうな目を擦っている。他の人々も、私たちには見えないが、再び緑に戻った河岸や小さな谷間で目を覚ます。今日、そこは五月の陽のもとで清らかな楽園のようだが、五年前には死者で覆い尽くされていたのだ。なんという死者の数だったことだろう！　様々な色の制服と人種の軍隊、互いに殺し合い、今は究極の休戦状態の中で和解して、平和に並んで横たわる男たち。

「気にしなさんな」と私たちは彼らに言う、「みなさん、これはジロです。誰も傷つけません。彼らは自転車に乗って、出来るだけ早く走ろうとして（今日だけは違うけど）苦しんでいるんです。なんのために？　なんのためでもありません。一番になりたいという思いや、見ている人たちの満足のため。人間というのはなんらかの争いをしてないと不幸になるから。だが、申し訳ないが、これは君たちにはどうでも良いことかもしれません。これが生きてるってことなんです、その最も無邪気で劇的な現れ方なんです、だけど、君たちにとっては不快なものではないかと少し不安でもあります。申し訳ない。

私たちはたまたま通りかかっただけです。もし君たちを起こしてしまったのなら申し訳ない。ただ、今はなくなってしまった昔のカッシーノに挨拶をしたかっただけなのです。それなら君たちにも言えることはたくさんあるでしょう。心配しなくても大丈夫、私たちはすぐにまた行ってしまうから。そうすれば君たちは少なくとも一年間は私たちに会うことはありません。ゆっくりお休みください、みなさん」

そして（今日はそれほど大したことはないが）カンピオーネたちのキャラバンは恐ろしい砲弾による傷口のそばを、いつもの轟音とともに通り過ぎ、緑の風景の中に姿を消した。そしてすぐにこだま以外は聞こえなくなった。カッシーノでは谷の下の方で石工たちがハンマーを振るい、山の斜面では時間が白い廃墟の粉砕された石の上を過ぎていく。

肉体のない亡霊たちは再び横たわり、空《から》の頬を情深い大地に寄せて眠りについた。選手たちの群れが見えた。色とりどりのマリア《シャツ》をまとい、磨きあげた自転車に乗って嬉しそうな彼ら。他にも興奮のあまり震えている人々やキャラバン隊の通過を規制しようとする交通警察官たち、イタリアを狂ったように走り抜けるこの小さな世界が見えた。太陽は輝き、暑かった。すぐに誰かが尋ねるだろう、「相変わらずまだ逃げ《フーガ》は決まってないの？」と。

12

ローマからアドリア海への息もつかせぬ逃げ《フーガ》

ペーザロ、5月28日夜

イタリアの心臓をローマからペーザロへ一息で、つまりノンストップで横断する辛さ。この地域は他のどこよりもイタリアらしい。ここでは、たとえ小学校しか出ていなくても、偉大な出来事へのたくさんの想いがついてまわる。しかしまた、学校へ行ったことがなく、この何百年間に起きたことについて何も知識がない者や読み書きのできない者にも、この極めて人間的な地域は語りかけてくる。よほど冷酷な人間でない限り、立ち止まって、小鳥の歌声を聴きながら木陰に横たわり、ツバメが飛び回る悲しげな荒城の上空に漂う幸せそうな雲を眺めたくなるだろう。

およそ世界中のどこでも、呼吸のリズムが一〇〇年単位で測られるような厳粛なこの地方ほど、速度と決定的に対極にある場所はないだろう。森や岩のような、風景の一部に同化して見える古い町や村は、今日でも決して急がない。しかし私たちは急いだ。今回のジロで最も長い二九八キロのステージは無気力なお散歩みたいになるだろう、最後の数キロで体面維持のためにちょっとした小競り合いがあるだけだろうと、多くの人が予言していた。朝の七時にポンテ・ミルヴィオを出発した一七六本の足はとんでもなく長い距離を走ることになるが、ただし、老いた手回しオルガン弾きのスピードになるのではないかと危惧されていた。だがまったく逆だった。一瞬たりとも休めなかった。最初から最後まで一つの激しい逃げ《フーガ》があったのだ。それは休みなくレポーターたちの耳をそばだたせ、自動車やバイクの連絡係を荒っぽい追走に駆り立て、とうとうとんでもない平均速度を記録させることになった。ロンコーニとその仲間を率いるチーム監督の老ベッローニは、彼自らが全盛時代にあらゆる強行軍に耐えてきた男だが、これほどの長い距離を、これほど衝撃的なスピードで走り抜けたのは思い出せないと断言した。実際、平均速度は時速37キロを超えた。こんなことがツール・ド・フランスで起きたら——と、夜になっても誰かが言っていた——みんなでカンカン踊りだ。おかげで、風景を楽しみ、歴史に詳しい同僚の名言に耳を傾け、私たちを迎えてくれる新しい町や地域に無礼にならぬよう挨拶する最低限の時間すらなかった。クリトゥンノ川の源《みなもと》では、茂みから微笑みながら出てきたチャーミングな六、七人のニンフたちの誘いかけにも誰一人反応しなかった。

火のついた導火線のように、ローマからアドリア海まで爆発を誘発させる火薬の役割を果たしたのが、テルニの「タッパ・ヴォランテ」だった。「タッパ・ヴォランテ」とは侃々《かんかん》諤々《がくがく》の末に決まった新しい制度である。コースの中間にあるスプリント賞で、これを取った者には一分のボーナスタイム（2位は三〇秒、3位は一五秒）が与えられ、このタイムはゴールでのボーナスタイムと同じ扱いだった。この新機軸が効果を現した。ジロの責任者《パトロン》エミリオ・デ・マルチーノはとても満足だった。効果が現れたというのは、そのおかげで最初から続けざまにアタックが仕掛けられたからである。まずヴィチーニとベヴィラッカが続けざまに、そしてロンコーニとパスクィーニが、それからモナーリとリッチがアタックした。頻繁にメイン集団から二、三人の小集団が逃げようとした。何人かが前に追いつこうとペースを上げ、他の選手は耐えられずに途中でちぎれてメイン集団に再び飲み込まれた。かくして緊迫感が溢れ、二〇人ほどの逃げ《フーガ》グループができたローマの郊外で、すでにその緊張は一層高まり、取り残されたエースたちはその差が八分になったのを教えられ、特に二人の大物にとっては苦い一撃となったように思われた。

テルニで道路に渡された「タッパ・ヴォランテ」のバナーを最初に超えたのはヴィチーニの赤いキャップだった。スプリントのもがき合いで頭を下げていたからだ。そしてパスクィーニとロンコーニが続いた。彼らは三人グループだったのだが、そのすぐ後ろに他の二〇人が彼らを捉えようとしていた。コッピとバルタリが躊躇したことで、当初は限定された目的、つまり「タッパ・ヴォランテ」を取ることしか考えてなかった逃げ《フーガ》グループの面々には、新たな野望が湧いてきた。そして、おそらく誰も期待してなかったことをしたくなった。つまりこのリードをさらに二〇〇キロ先のゴール、ペーザロまで守ってやろうと思ったのだ。それでスピードが上がった。この速度はタイムキーパーの責任者クレト・ラディーチェをも驚かせるものだった。

素晴らしかったのはジロを見るために集まった沿道の観客たちだった。だが、シチリア島やカラブリア地方の心を打つ群衆、期待感でいっぱいで幸福そうに見え、同時に敬意に満ち、まるで沿道に描かれたようにきちんと並んでいたあの群衆と比べることはできない。それと比べると、今日は街道の巨人たちに対する敬意は不足気味だった。もちろん、比較の問題ではあるが。いずれにせよ、子供たちは最大限の賞讃を惜しまなかった。彼らはその言葉をアスファルトにはチョークで、壁にはクレヨンで、プラカードにはインクで書いて箒の柄につけ、選手たちに見えるように高く突き出すのだった。例えばこんな言葉だ。「征服者バルタリ《ヴィヴァ・バルタリ》、万歳《ドミナットーレ》」、あるいは「バルタリ、イゾワールでみんなを泣かせてやれ！」

自転車選手たちのカラフルな集団は、自分たちが世界で最も美しい風景の中を走っていることに気づいただろうか？　仮にコースが工業地帯の煤けた郊外だったとしたら、それでも同じだっただろうか？　これほど魅惑的な風景をバックに、このような苦役を強いるのは、ある意味では犯罪行為だったのかもしれない。逃げた選手たちは風景を見る余裕などなく、目は、選手たちが少しでもリフレッシュできるようにと博愛家が家の前に用意した水の入ったバケツだけを探しながら、距離をガツガツと貪り食っていった。車の私たちは疾走しながら、本来の絵のようなイタリアを断片的に見た。本来のイタリア、つまり歴史に彩られた荘厳な廃墟のイタリア、樫の木や糸杉のイタリア、疲れて坐っている皇后のような巨大な屋敷が山腹にいくつも見えるイタリア、領主たちの紋章で覆われている歪んだ壁のイタリア、谷底へ真っ逆さまに落ちて壊れた乗合バスのイタリア、古代の教会のイタリア、小さな踏切番小屋の、身ごもった若い女たちの、道端で昼の太陽を浴びて作業する石工たちのイタリア、家の隅の壁龕《ニッチ》の中で常にロウソクに照らされている聖母像のイタリア、干草の山のイタリア、長い角を持っている一族の族長のような雄牛たちのイタリア、自転車に乗って通り過ぎる髭面の若い僧侶のイタリア、とても自然にできたとは思えない絵のような岩山のイタリア、千年前に架けられたのに、いまだに「カルネラ［プリモ・カルネラ（一九〇六～六七）戦前のイタリア人ボクサー。当時史上最重量ヘビー級王者で動くアルプスと呼ばれた］」級の重さのトレーラーを引くトラックを載せても耐えられる橋のイタリア、居酒屋とアコーディオンの、納屋と馬小屋として使われている素晴らしい貴族の館の、山頂まで糸杉で覆われた緩《ゆる》やかな山のイタリア。

　私たちはそうしたうちの、ほんのわずかな断片だけを見たのだ、ほとんど盗み見るようにして。選手たちは何も見ていない。彼らは自転車を駆《か》って、狂ったようにカロリー豊富な食べ物を食い散らかしていた。彼らが生み出し、自転車に伝えるエネルギーは常に一杯にしなければならないからだ。三人の逃げ《フーガ》は七人になり、フォリーニョ通過直後に七人が約二〇人になった。それからこの二〇人からちぎれる者も出て、再び一五人に減った。戦いは単純な形に収斂した。先頭はレオーニ、ロンコーニ、ファツィオ、それに総合順位争いを激変させる恐れのある将来性豊かなパソッティのグループ。それを追うのは大集団だ。

だがエースたちは？　エースたちは何をするかわかっている。エースたちは抜け目ないし、監督たちはもっと抜け目なくずる賢い。エースたちは、特に私が語りたい大物二人は、有り余るほどに力を残し、そして自力で富を築いた人たちがみんな吝嗇《りんしょく》であるように、彼らも少々欲深い。なぜ必要以上に支出するのだ？　策略がもう意味をなさないしかるべき瞬間が来たら、例えばドロミテや西アルプスでなら、彼らは財布を取り出し最後の一銭まで支払うだろう。事情通は、これが彼らの戦術だと言っている。

まずは彼らは力を必要最小限度まで制限している。今日もそうだったように、逃げたグループとの差を安全な限度以下（二分以内）に抑え、お互いを監視しあい、危険な策動を許さないことだ。しかしマリア・ローザが誰かから誰かに移ったとしても、例えば今日はコッウールは（迷信深い彼はそれを毎晩悪霊に見つからないようにベッドのマットレスの下に隠していた）それをファツィオに手渡さねばならなかったのだが、それが一体どうしたというのだ？　ステージ翌日の新聞の見出しが、これやあれやの名前になったところで、それが一体どうしたというのだ？　今日のように、才能溢れるハンサムなレオーニが逃げ《フーガ》を楽しんだのだから、やはり今日のように彼が圧倒的なスプリントでステージ優勝すればよい。しかるべき瞬間はいずれやって来る、と彼らは言っているかのようだ。さしあたり力を温存しておけばいいのだ。

＊　次のペーザロからヴェネツィアへのステージは、当時「コッリエーレ・デッラ・セラ」紙が月曜は休刊日だったため、ディーノ・ブッツァーティのルポルタージュはない。だが、読者が遺漏なくレース展開を追えるように、姉妹紙「コッリエーレ・ド・インフォルマツィオーネ」でジロに帯同していたチロ・ヴェッラッティのステージレポートを付録として載せておく。なお、モデナ〜モンテカチーニのステージとトリノ〜モンツァのステージについても同様の扱いをする。

付録1　カソーラがヴェネツィアとタッパ・ヴォランテ《中間スプリント》を両方勝つ

（チロ・ヴェッラッティのレポート）ヴェネツィア、5月30日朝

ブッツァーティの日付はレース当日の夜になっているのに対して、ヴェッラッティのレポートは翌朝の記述である。この点で日付にズレが生じている。

十戒の一つに「安息日を守れ」がある。ジロの選手たちは、昨日の日曜日にはそれを思い出したことだろう。

実際、誰も仕事をしないステージだった。自転車で日曜日に遠出するのは仕事ではない、死すべき運命にある凡人なら誰にでも、少年にも少女にも、会社員にも学生にも、自営業者にも年金生活者にもできることなのだ。だから時々厄介なスプリントによって中断される、かなり長いポタリングだったと言えよう。ただし、長さは二七〇キロだ。だがこの男たちにとっては大した距離ではない、特にそこに大した登りがないのだから。そして各スプリントも義務ではないとなれば、集団の中でスプリンターとして名声と責任を負う選手だけがそれを狙いにいくことになった。

　結局のところ、昨日はふくらはぎにひとつまみのダイナマイトを仕込んで、アタックがかかるたびにライバルたちを置き去りにしたカソーラが勝利を得た。つまり彼は二度勝ったのだ。フェッラーラでのタッパ・ヴォランテ《中間スプリント》とヴェネツィアのゴールスプリントである。彼は二つの幸運なスプリントだけで総合順位で二分を稼いだ。二分といえば、通常ならマリア《シャツ》を盛大に汗まみれにし、何十キロに渡って孤独な逃げ《フーガ》に耐えきらなければ手に入らないタイムである。カソーラはスプリンターとしての第一級の技術を身につけていて、天性の電光石火のごときスプリント力と並んで、ポジション取りとともに、何よりもアタックを仕掛けるタイミングに秀でていた。

　プロトンの中のわんぱく小僧のような、陽気でお気楽なこの若者となら喜びを分かち合えるだろう。どこかで罪のないいたずらが仕掛けられたり、悪さが企てられると、彼が首謀者だとわかるのだった。しかし激しくゴールに向かうときや、スプリントの価値が大きいときも同様にわかるのだった、カソーラは躊躇しないと。昨日のポタリングでは、彼は最高のおどけ者であり、狙うべきゴールラインでは最高の選手だった。ただ、残念だったのは、ボーナスタイムの二分は彼には何の意味もなかったことだ。彼の総合成績では、このタイムを誰か他の選手にくれてやった方が良かったかもしれない。

もちろんこの地形では、逃げや大胆なアタックを仕掛けたくなるようなコースにはならなかった。スタート直後の最初のチャンスの後、つまりペーザロとカットーリカの間の小さなシリガタの丘（周囲を一望できる程度の高さの丘）の後、残りはすべて丘もなければ起伏もなく、真っ平らのアスファルト以外何もなかったのだ。ジロを常に楽しげでお祭り気分にしてくれる日曜日の群衆が、沿道で歓声をあげてエースの名を呼んだが、しかしエースたちは、誰もが知るようにこうしたバカ騒ぎには注意を払わず、彼らを信奉している自転車競技のファン《ティフォジ》たちがその想像力を発散させているプラカードなど目に入らないかのように振る舞う。長い竿につけられた看板には、着想豊かな文言が書かれていた。「我らを癒す鋼鉄の足とエアロダイナミックな鼻のコッピ」もう少し先へ行くと、みんなのもう一人のお気に入りが称えられていた。「バルタリ、奴らみんなをイゾアール峠で泣かせてやれ」エースたちは表情を変えず、自分たちの人気にはもう慣れっこになっている。だがスポーツカフェで注意深く念入りに手作りされた想像性に富んだこれらの看板は、ほとんどいつも、レース経過がゆっくりとしているおかげであたりを見回すゆとりがあるキャラバン隊御一行ぐらいしか目を留めない。

簡単に言えば、昨日は、どんな好戦的な野心も功名心も、選手たちを焚きつけることはなく、レースのリズムは、特に序盤はブルジョワ的にのんびりしたものだった。だから三、四人の若者が蛮勇を奮ってキャラバン隊の車の間を素早くすり抜け、ジロを一緒に走れる喜びで必死にペダルを漕いだが、すぐに本物の選手たちに追突しないように、ブレーキをかけなければならないほどだった。きっと彼らは友人たちを前に、この英雄的行為を自慢したことだろうが、ひょっとしたら内心密かに街道の巨人たちに対して、ほんの少しだが、がっかりしたかもしれない。こんな具合であったにもかかわらず、平均速度は比較的速かった。そして、ロマーニャとベネトでの歓迎ぶりから、ジロ・ディ・イタリアは狂乱のペースであれ、ツーリストペースであれ、常に熱狂を呼び起こし緊迫感を生み出す点で、他に比肩すべきものがないと結論づけることができよう。

残念だが、昨日のレースでは犠牲者が出た。しかもそれはマリオ・ヴィチーニだった。リミニ近郊で、この勇敢な選手は家族との楽しい出会いのために一旦止まった。彼の妻と三人の子供たち、可愛らしい女の子と二人の活発な男の子が、彼に会うために来ていた。レースのスピードは、ヴィチーニが自転車を降りて、落ち着いて彼らを抱きしめることができるようなペースだった。この牧歌的な一幅の絵を楽しもうと、小さな人の輪ができた。マリオの友人たちや同郷人たちも、彼を称え一緒に喜ぼうとそこにいた。それから彼は微笑みながらゆっくりと再び自転車にまたがり、その長い足をピストンのように動かし、難なく仲間たちに追いついた。

集団はリラックスした無頓着さで走り、リミニのスプリント賞――カソーラがこの日最初の勝利――ですら、ただちょっと競っただけだった。私たちがラヴェンナの市門の前に到着した時、突然ヴィチーニが自転車を乗り越えるように飛んでいき、激しく地面に叩きつけられて横たわるのが見えた。頭が血まみれだった。隊列をなしていた車の群れは、彼を轢かないように、急ブレーキをかけなければならなかった。それから何人もが彼を助けようと、車から駆け下りた。ヴィチーニは気を失い、こめかみからは激しく出血していた。彼は、タイヤが突然リムから外れたために自転車から投げ出され、路肩の石に頭を打ち付けたのだった。警察の車ですぐにラヴェンナの病院に運ばれた彼は、頭部の何箇所かの怪我と精神的なショックを受けていて、さらに左の鎖骨骨折と診断された。現時点では脳震盪の兆候は見られないが、よりにもよって、このジロで最も大きな歓声が待っていた故郷の街道での、間違いなく非常に厳しい一撃だった。

私たちはさらに先へ向かい、穏やかな速度でフェッラーラに到着した。ここでのタッパ《中間》・ヴォランテ《スプリント》も日曜日ののどかさを払拭することはできなかった。アルジェンタではシエール、パスクィーニ、アウセンダ、カルジオリ、ヴィットリオ・マーニ、パスクエッティというメンバーのアタックがあったが、集団がエネルギッシュに反応し、こうした向こう見ずな連中を素早く正気に返らせた。フェッラーラのタッパ・ヴォランテでは、すでに書いたようにカソーラがトップで、後にはコンテ、レオーニ、ベヴィラッカ、ルチアーノ・マッジーニの順で続いた。それから集団は速やかに再び一つにまとまり、パドゥアまでの進行を阻むものはもうなかった。そのパドゥアで三度目の渋滞が起こり、選手たちの間に大きなチームカーが見えた。ヴィットリオ・ロッセッロとデ・サンティがこの機会を利用して、数キロの間楽しげな逃げ《フーガ》を打ったが、又しても集団は速度を上げ、二人の逃げ《フーガ》は再び吸収された。

　この日の最後のエピソードは、運河にかかる橋をこえてヴェネツィアに到着した時のことだ。大集団がきちんとしたゴールスプリントを、幅四〇メートルの広い道路で行なった。カソーラが早めに仕掛け、徐々にスピードを上げた。大集団を振り切ろうとしていたレオーニが右側から抜こうとしたが無駄だった。そのままルイジ・カソーラが半車身差でゴールラインを超え、自分が勝ったことを審判に誇示するために腕を高く上げた。

　どのようにジロ・ディ・イタリアがヴェネツィアに到着するのか？　昨日それが見られた。キャラバン隊が、ジャーナリストたちの車やラジオ放送の車、チームカーや広告宣伝カー、選手たちのピカピカの自転車もすべてフェリーに積み込まれ、リド島に運ばれたのである。ジュデッカ運河で、そしてサン・マルコ広場で、このようなものを見たことがある人は誰もいなかったし、このように絵画的で贅沢な船の行列を迎えたこともなかった。フェリーの霧笛が私たちに挨拶を送り、飾り立てられたゴンドラは歓声を上げるために近づいてきた。陸地を踏むことのないゴンドラ乗り《ゴンドリエーレ》たちはその人生で初めてコッピとバルタリを見たのだ。これも小さなジロの奇跡だ。

13 「制限タイム」ルールの犠牲者たち

ヴェネツィア、5月30日夜

先頭集団が頭を下げて最後の激しいスプリントでゴールラインを目指し、群衆の我慢できない咆哮の熱狂が徐々に静まってたくさんの途切れ途切れの叫びに溶け込み、最前列の観衆たちがフェンスから溢れ出て、まだ息を切らしている勝者に殺到して、抱きしめ、キスし、触り、自転車を押そうとしたその後で……

公式のタイムキーパーがストップウォッチのボタンを押し、ゴール審判たちが、どうやるのか私たちにはまったくわからないが、集団スプリントの狂気の大混乱の中で選手たちの順位を突き止め、必ず起こるクレームに対処するために、ゴール写真の乾板を現像に回したその後で……

会ったこともないのに名誉のおこぼれにあずかって、翌日、勝者の隣で惚けたように勝ち誇る自分の顔の写った新聞を友人たちに見せびらかそうと目論んでいる謎の紳士たちに抱きしめられた勝者を、花束とともにカメラマンたちが写真に収めたその後で……
ジャーナリストたちが、自分の地元の通りでは決して着ないカラフルな作業着と赤い野球帽で、まるで原子爆弾の初実験を報告するかのように興奮した声で、マイクの前やラジオで、あるいは近くの電話ボックスから、このステージの最終局面とゴールの順位を伝えたその後で……
大エースたちが彼らをつかもうと熱狂する何千もの手をエネルギッシュに振り払い（この大騒ぎの中にも彼らにポストカードとペンを差し出して、サインをもらおうとする者がいた——狂気の沙汰だ）、ホテルに行くために大変な苦労の末にチームカー（どの面にも企業の名前が入った様々な色のオープンカーで、後部に取り付けられた素敵なラックに自転車とスペアホイールが重々しく乗せられ、スペアホイールはレース中は風でクルクルと、小さく軽やかな風車のように回転する）に乗り込んで、群衆は火事で非常口に殺到するかのような勢いで、彼らの出発を見送るために道路に殺到したその後で……
遠く離れた町々で植字工がニュースを一行、鉛でできた行に並べ、その行がページにまとめ上げられ、ページから鋳型が作られ、鋳型からローラーが作られ、ロータリー印刷機にセットされて稼働し始め、太字の見出しと勝者の写真とともに最初の刷が印刷機からはじき出され、新聞売りの甲高い声が町の中心部で事務所にいる人々に届き、その声の大きさにびっくりした人々がひょっとしてまた戦争が始まったのか、と尋ねたその後で……

ポーターや自転車、ジャーナリストやチームマネージャーたち、電報配達人、トランク、詮索好きのファンたち、呆れ驚くアメリカとスイスの観光客たちでロビーがごった返しのホテルで、全開のシャワーの水がカンピオーネたちの頭と背中に豪快に注がれ、手足をつたって流れ落ち、泥のかさぶたが剥がれ、濁って砂だらけの排水が流れ、マッサーが寝台に横になった後見人の大切な筋肉をマッサージし始め、一方、通りでは自分たちのアイドルがほんの一瞬でも姿を現してくれないかと願う人たちの、イライラするような合唱が響いたその後で……

主催本部の広報局はこんにゃく版複写機《ヘクトグラフ》で複写されたステージ順位と新しい総合順位の載った版を配り、別の部屋では国際審判員たち――四人の厳格な人たちで、イタリア人が二人、ベルギー人とフランス人が一人づつ――が下すべき処置について徹底的に議論し、例えば無許可でチームカーから補給を受けたため、X選手には二千リラの罰金（二度目の違反）と、同じ理由でチームそのものに五千リラの罰金とか、以下に挙げる選手には自分から求めはしなかったが、ファンから押してもらったという事実などにより、それぞれ五百リラの罰金（二度目の違反）とか、あるいはZ選手はレースのリタイアを宣言したのに、規定に従わずゼッケンを外さなかったので五百リラの罰金などと決定していたその後で……

スタジアムにはもうキャラバンの誰も残っておらず、選手たちもチームカーで、あるいは自分の自転車で宿に向かって出発し、人々の緊張は完全に弛緩し、つい先ほどまで熱狂的なエネルギーに満ちていた大群衆は、疲れた群れに変化し（嬉しそうな若者の顔がぐったりしたマスクになり、その目は無関心になって、痛い足を引きずりながら）、渋滞する車列の獣の吠えるような騒音の中に巻き込まれるように消えていったその後で……

先ほどまで素敵な笑顔の娘たちが身を乗り出していた窓も閉じられ、人々の気分の中に祭りの後の惨めな淋しさが広がり、街は再びいつもの姿に戻り、路面電車が走行を再開し、動員がかかった警官たちも営舎に戻り、勝利の場となったスタジアムも空になって、風が紙や古新聞や踏み潰された花々を巻き上げたその後で……

こうしたことがすべて行われてしまったその後で、三人の汗に汚れて疲労困憊した若者が自転車で、のろのろと移動する騒がしい群れをかき分けて進もうとしていた。「どいてくれ、どいてくれ」と彼らは叫んでいた。「道を開けてくれ、道を開けてくれ」。絶望的な努力とともに、彼らはバランスをとりながら道を切り開こうとしていた。しかし群衆はあまりに多かった。足をついて自転車から降り、押しながらスタジアムの入口へ向かわなければならなかった。当初、彼らはレースをいいことに、選手の真似をして同じマリア《シャツ》を着たホビーレーサーの三人組と思われた。見本の選手たちを見て興奮し、ゴールのスタジアムへ猛スピードで飛び込んで、あわよくば選手と間違えられたがっているのだ。実際、何人かは騙され、娘たちは「ブラボー」の声を掛け、近眼のファン《ティフォジ》たちは彼らをロンコーニやベヴィラッカだと思った。遠くからなら、コッピやバルタリとだって見間違えられたかもしれない。しかしこの三人はスタジアムから急いで立ち去るのではなく、そこに向かっているのだった。彼らが長い道のりを、彼らにとっては長すぎる道のりを走ってきたことがわかった。背中にはゼッケンが縫い付けられ、同じ数字が自転車のトップチューブにも付いていた。

やっと人々は理解し、道を開けながら三人を見た。だが拍手喝采する者はなく、彼らの名前を呼ぶ者もなく、彼らを肩車する者もいない。彼らは遅れた選手たちで、何十キロも引き離された選手たちだ。彼らはステージの後半は熱狂する沿道の人垣ではなく、帰宅する人々のぐちゃぐちゃな人混みに行き当たることになった。彼らは最後尾で権利を奪われた不幸な選手たちだ。パーリア［インドのカースト制度の最下層民］であり、いつも制限時間（一〇〇キロごとに二〇分の割合）ギリギリでゴールする無名の選手たちだ。おそらくゴールのスタジアムでは、仕事仕舞いをイライラしながら待っている補助タイムキーパーが、彼らの到着を確認するために立っているだろう。もしかしたらもう誰もいないので、審判員のところへ行って寛大な措置を乞い、信憑性《しんぴょうせい》のある理由を並べなければならないかもしれない。落車したとか、サポートカーが故障したとか、アクシデントがあったとか、何かしらの「不可抗力」があったとか。もしかしたらお目こぼししてくれるかもしれない。

本当のところを言えば、敗残のトリオのうち二人はそれほど深刻ではなかった。遅れてゴールするのは自分たちの仕事なのだ。彼らは最下層のアシスト《グレガリオ》で、キャプテンにホイールを渡し、飲み水を運ぶためにどこかの農家から次の農家までの間を先行したり戻ったりし、キャプテンが辛くなれば風除けになり、遅れた時にはわざと待ち、食料補給ポイントでは食物の入った布袋を受け取って親分に渡すことが契約で決められていた。ご主人様よりもずっと長い距離をあちこち行きつ戻りつしながら走り回る猟犬のようなものだ。彼らはこうした汚れ仕事を行なうのだから、最初から先頭集団に入ることは期待されていない。むしろ逆だ。チーム監督にとっては、彼らがバカなことをしでかさない方が良かった。つまり彼らには、無理をせず翌日のために力を温存し、野心など抱かずにタイムオーバーしない程度に一時間ほど遅れてゆっくりゴールしてもらいたいと思っていたのだ。彼らは他の選手のために走って最下位になった、いわば契約でそうなったのだ。

　しかし三人目はそうではなかった。彼は今日はあくせくとキャプテンに水やオレンジジュースのボトルを運ぶ必要はなかった。ホイールを渡したりしなかったし、自分を犠牲にする必要もなかった。野心を抑えたわけでもなかった。つまり彼は本当の意味での敗者だったのだ。つまり彼は「燃え尽きた」のだ。集団についていくことができなくなったのだ。そして最後の登りの前に飲んだ「爆弾」［興奮剤アンフェタミンの隠語］もまったく役に立たなかったのだ。一〇分程度は力が回復したが、そのあとはもっと悪くなった。「爆弾」が爆発し吹き飛んで、そして廃墟になった。他の二人がまだ道を塞ぐ人々を罵倒するエネルギーを持ち合わせていたのに対し、彼は黙ってついていくだけで、放心したように周囲に視線を彷徨わせていた。何が起きたのだろう？　別の世界から来たかのような、無表情で不親切な知らない顔が彼を取り囲んでいた。彼のフィアンセはスタジアムで待っていると手紙で知らせていた。彼女もすでに帰ってしまったかもしれない、あるいはこの群衆の中に、彼から一メートルしか離れていないこの場所にいたのかもしれない。しかし彼を見てもわからなかったのかもしれない。あるいは彼だとわかったが、恥ずかしくて隠れたのかもしれない。彼女のような素敵な娘が最下位の男と婚約しているなんて。

すでに赤く埃だらけの暈《かさ》を残して太陽は沈んでいき、群衆はまだ散らなかった。彼が前に進もうとすると、ますます増えてくる人の流れが邪魔をした。他の二人は罵りながらなんとか前に進んでいった。今や彼はひとりだ。ぶつかられ、あちこち押され、一台の車が泣き叫ぶようなサイレンを鳴らし、彼は止まらなければならない。昼の明かりは消えて街灯が灯る。

「スタジアムはどこ？」と彼は尋ねる。面倒臭そうな曖昧なジェスチャーが返ってくる。「すいません、すいません」と疲れた声で尋ねる。だがもう夜だ。最初の選手がゴールしてから何時間が経ったことか？　何日経ったことか？　それとも何ヶ月か？　真っ暗な夜。人々の群れの向こうにはカフェのほのかな明かり。そして常に新たな人波が、真っ黒な溶岩の流れが陰鬱に敵意を持って向かってくる。「スタジアムはどこ？」と彼は尋ねる。「どのスタジアム？」と人々は答える。「ジロ・ディ・イタリアの」。「ああ、ジロ・ディ・イタリア……あれは良い時代だった」と彼らは言い、同情するように頭を振る。何時間でも何日でも何ヶ月でもない、最初の選手がゴールしてから何年も経ったに違いない。そして彼はひとりだ。寒くなってきた。フィアンセは別の男と散歩に出たか、それとももう結婚してしまったかもしれない。「スタジアムはどこ?」と彼はしきりに尋ねる。「スタジアム?」と誰かが答える。「ジロ・ディ・イタリアだって? そりゃなんです?」

14 トリエステは泣き、歓声を上げ、カンピオーネたちに花を浴びせる

ウディーネ、5月31日夜

トリエステの町への入り口の前、素晴らしい海辺の街道上にタッパ・ヴォランテ地点が設けられていた。鳥が急降下するようにレオーニが――獲物に襲いかかる鳶《とび》のように、突然先頭グループからアタックし、ハンドルを持つ腕が深く曲がるのが見えた――トップで通過し、その後にカソーラとコンテが続いた。スプリントの勢いそのままに先頭集団は街に入った。そしてそこでジロの雰囲気が突然変わったのである。

突然選手同士の違いがなくなった。バルタリはカロッロと同じランクになった。コッピはマラブロッカと、レオーニはブラソーラと同じになった。あらゆる方向から現実とは思えない景色が降りかかってきた。大群衆がごった返す屋根の上のテラス、祭のように高揚した人々、空から降り注ぐ花々や旗、無数の旗。今やもうカンピオニッシモ《スーパーチャンピオン》と二流選手の違いは

なかった、選手たちとキャラバン隊の違いもなかった。ロンコーニと伴走オートバイの運転手は同レベルだった。コットゥールと私たちリポーターもそうだった。私たちはみんな同じだった。私たちはみんなイタリア人だからだ。これまで行われてきたことはすべて意味を失った。バルタリとコッピの戦いはまだ始まっていなかったが、どうでもよかった。レースはヴェネツィアからゆっくりと推移し、タッパ・ヴォランテではそれぞれベヴィラッカ、カソーラ、パスクェッティ、デ・サンティ、コットゥールが勝ち、短い陶酔があったが、それもどうでもよかった。もっとも先ほどのタッパ・ヴォランテでのボーナスタイムで、マリア・ローザはすでに暫定でファツィオからレオーニに移ったのだが。数分の間、総合順位はもう何の意味も持たなかったし、チームの戦術も、エースたちの野望も、若手の夢も同じだった。ただ一つの思いだけがすべてを支配していた。カンピオーネたちもそれを理解し、パレード走行のようにペダルを踏み、自分たちがライバル同士であることを完全に忘れた。

　三年前、ジロはトリエステへ来たことがあった。トリエステが自由地域になる〔この地域は第二次大戦後、イタリアとユーゴスラビアで帰属を巡る争いがあり、棚上げするために国際連合管理下で「トリエステ自由地域」とされた〕直前だった。その上、ピエリスではこの日の緊張が最高レベルに高まり、有名な選手襲撃事件が起きた〔一九四六年のジロ第12ステージはトリエステへゴールするはずだったが、反イタリアと親イタリアのデモでレースは混乱・中断、記録なしとなった〕。ここで前例のないようなデモがあったのだ、一種の祖国からのお別れとしてのデモが。そこに参加した人たちは、どんなに冷淡無情な者でも子供のように泣いたと言う。それから三年経った今日はほとんど再会のようなものだった。トリエステの人々にとっては凄まじい喜びの瞬間であるとともに、苦さも大きかった。それは、我々はつむじ風のように通り過ぎていくだけだったからだ。あっという間のことなのだ。まるで、遠くに亡命していた兄が予期せず帰国し、歓迎して抱き合おうとすると、兄は家にほとんど入らず、すぐにまた出発しなければならないからと、すでに別れの挨拶のために手を上げている、そんな感じなのだ。

今日の二時、トリエステは熱狂的な輝きを発していた。陶然とするようなコバルトブルーの海、真っ白な太陽、見渡す限りの旗のはためき。いたるところに緑と白と赤が舞う。これほどの旗を見たのはどれほど昔のことか。

人々は「コッピ万歳《ヴィヴァ・コッピ》」と叫ぶが、それと同時に何か別のことを言いたがっていた。「バルタリ万歳《ヴィヴァ・バルタリ》」と叫ぶが、向けられているのはバルタリではなかった。「ヴィヴァ・ジロの選手たち、ヴィヴァ・コットゥール、ヴィヴァ・レオーニ」と叫び声が上がったが、今日のトリエステの人々が常に思ったのは何か違うこと、何かもっと大きなこと、もっと深刻なことだったが、彼らはそれを自分一人のうちに留めておくことに慣れていたのだ。しかし今日、それをついに公然と叫ぶことが許された。背中にゼッケンをつけた選手たちは、自分たちがみんな同じになったこと、自分たちはただイタリア人だったということ、もうカンピオーネでも巨人でも機関車でも人間ロケットでもないことを理解し、みんな一緒になってこの愛の大波の間を走り抜け、互いに敵対していることを忘れた。

ちょうど昨夜、偶然にも私は同僚と愛国心について話し合っていた。国家とかヨーロッパ連合とかそんなことについてだった。同僚は祖国という観念などもう時代遅れだと言った。彼はこう断言した、自分はただのイタリア人以上のものを自分に感じている、ヨーロッパ市民だと感じるし、それどころか、ギャリー・デイビス［一九二一～二〇一三、一九四八年に自ら「世界市民」と名乗ってアメリカ国籍を放棄し「私の国は世界だ」や「自由へのパスポート」などの本を書いた平和運動家］のように、自分を世界市民だと感じている、と。そこで私は彼に問うてみた、例えば、もしイタリアが不当な扱いを受けたら君は傷つかないか、と。彼は頭を振り、イタリアであれ、スウェーデンであれ、英国であれ、あるいはペルシャであれ、どこかの国に不当なことが起きれば、同じように悲しいことだろうと言った。昔ながらの意味での愛国心はいわばケチな重石のようなもので、そこからは自由になった。その代わりに自分は新しい愛国心を手に入れた、全人類を含むずっと高貴な愛国心を。より高い人間を目指すこと、それには同意せねばなるまい。しかし今日、私たちが祝賀気分のトリエステを通り抜けた時、彼のことを観察するチャンスがあった。彼の車は私たちのすぐ後を走っていたので彼が見えたのだ。おお、世界市民にして、人間の古めかしい観念を超越した哲人である彼、その彼の唇が、奇妙にも、これまで見たことがないほどこわばっていた。彼は普段はかけない大きな黒いサングラスをかけていた。世界市民たる彼は誰かに見られるのを恥じていたのだ。彼は泣いていた。私は断言する、彼は間違いなく泣いていた。

　確かに、昔なら普通の、排他的で熱狂的な祖国愛というものは克服されている。しかし、私は今日のトリエステで私の同類を何千人も見た。手に手に布切れを振り、その大きさは様々だったがどれも同じ色に塗られていた。そして力の限りにそれを振っていた。だからすぐに疲れてしまうだろうと思ったが、彼らも選手たちのように疲労のピークを知りたかったのかもしれない。だが、彼らは歯を食いしばり、穏やかな顔をして耐えた。しかしキャラバンがすべて通り過ぎてしまう前に、小旗の揺れは止まってしまったかもしれない、それは彼らには裏切りのように思えたかもしれない。

私は手の甲で目を拭っている壮年の男たちを見たが、彼らは涙のベールのおかげで、輝かしく眩しいほどの太陽を背に、飛ぶように過ぎていく滲んだシミ以外何も見えなかったことだろう。また、オートバイに乗って大きな緑と赤と白の旗を風に翻らせている若者たちも見た。しかしそれはどれほど大変なことだっただろう。何が起きているか理解できず、呆然とあたりを見回している「セリーニ」、つまり紺色の制服と赤いベレー帽のイギリスから派遣された文民警官も見た。まるで息子に対するかのように、バルコニーから私たちに挨拶し、蓄音機で古い歌をかけていた老女も見た。その古い歌は、覚えているだろうか？　「お《オ》お、イタリア、我が心のイタリア《・イタリア・オ・イタリア・デル・ミオ・クオレ》」という歌詞で、しゃがれ声が道路中に鳴り響き、不思議と自動車の騒音をかき消し、私たちの心をつかんで辛い気持ちにさせた。

こうして私たちはヴィラ・オピチーナへの登りを越えて町を後にし、まだ緑のロマンチックな石灰岩のカルスト台地の最初のコブを横断して、ゴリツィアへ再び下っていった。魔力は消え失せ、日常生活の義務が再び課され、ドーニ（彼はウディーネに住んでいる）がビアジオーニとフロシーニと一緒にアタックした。彼らにレオーニ、パソッティ、トニーニ、ペッツィ、カステルッチが追いついた。そしてこの八人のグループが先行したが、一方、二人のカンピオニッシモは日を追うごとに不可解になっていく計画に忠実で、まったく動こうとしなかった。そうして八人は、追走グループのロンコーニ、シェール、ファツィオにほぼ三分、二人のエースを含むその後の集団には四分のリードを保ってウディーネの町にやってきた。

しかし今振り返ってみると、――たった二時間前のことなのに――私たちはもうゴリツィアへ向かう素晴らしい道での、ものすごいレースを思い出せない。ウディーネの町の住民たちの印象的な整列ぶりも、スタジアムでの熱狂的なシーンも、小柄で危険なパソッティやペッツィ、トニーニその他を下したレオーニの、スプリントで圧倒した二度目の勝利も印象に残っていない。新たな総合順位に気持ちを向けることも、今の私たちには難しく思える。総合順位は今やレオーニが2位のファツィオに四分四三秒の差をつけ、コッピには一〇分、バルタリには一一分の差をつけているというのに。(このような遅れは二人のエースに徐々にプレッシャーとなり始めていないのだろうか？　それとも彼らはアルプスの登りで容易に取り戻せると確信しているのか？)　今日起きたすべてのことのうち、心に残っているのは海辺の町の姿だけだ、陽光と旗と、幸せな気分と苦い痛みと、涙と笑いでいっぱいのお祭り騒ぎの町の姿、「ヴィヴァ・バルタリ、ヴィヴァ・コッピ」とみんなが叫ぶ町、「ヴィヴァ・ジロ、ヴィヴァ・コットゥール、ヴィヴァ・ドーニ」とほとんど絶望的に叫ぶ町、そしてそれで何かまったく別のことを言いたがっている町。

15
今日、ドロミテのアップダウンでの大事な戦い

バッサーノ・デル・グラッパ、6月1日夜

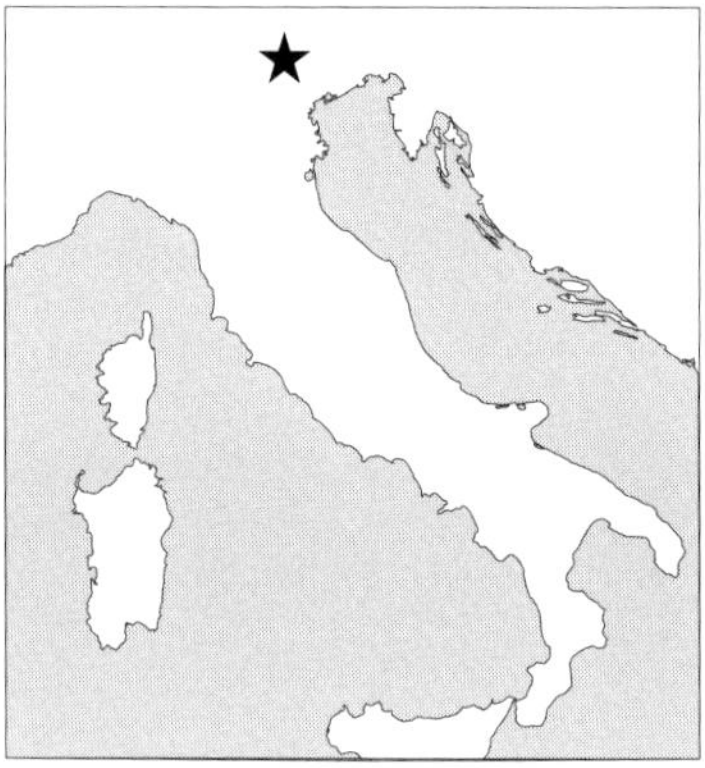

ひどい天気だ。今夜はホテルでもペンションでも――北の方角では重い雲がドロミテの岩壁の上にますます密集していく中で――、ウディーネからモンテ・グラッパの麓まで一五〇キロに渡って私たちを導いてきた今日のステージについて、話すものは誰もいない。話すのは明日のことばかりだ。6月2日木曜日、聖エラスムスの日、これは決定的な日だ。罰を受ける日、仲間から教えてもらったり、問題集の解答を丸写ししたり、指の爪やシャツの袖口に公式を書き込んでもまったく役に立たない重大な試験の日だ。山は騙せない。厳かに近寄りがたく、雲のベールに重々しく覆われ、待ち構えているものを悟らせない。これは戦争や革命、悲劇の舞台にこそふさわしい言葉で、ジロ・ディ・イタリアのような害のない遊び事には合わない仰々しい表現だろうか？　しかし今夜、バッサーノではジロはただの遊び事ではない。人生で最も重要なこと、この小さな世界ではジロはそういうものだ。

そして私たちはその小さな世界の流浪の民なのだ。ドロミテへの登りは、先の大戦で言えば、連合軍がフランスに上陸するのを待つのと同じようなもどかしいものなのである。

だが、今日のステージは短く平坦であるにも拘らず、そう簡単には片付かなかった。激しい戦いがあった（もちろん二人のカンピオニッシモによるものではない、彼らは相変わらず牽制しあっている）。間断なく雨が降っていたのに——陽光の中で微笑む野原はなく、袖をからげた娘も、街道沿いでバケツで水をかけてくれる人もいないが、雨に光りながら延々と続く傘と、滑りやすいアスファルトと、風をはらんで膨らんだレインコート姿の、不気味な怪人のような選手たちが見える——それなのにアタックの応酬だった。それはウディーネの町を出る前に始まった。一人で飛び出したのはデ・サンティだったが、彼の意図は誰にもわからなかった。彼の後を追ってソルダーニ、フロシーニ、フランキがスピードを上げて集団から抜け出そうとしたが、うまくはいかなかった。その後フロシーニがリッチやカソーラや、他にも三人加わって再びスピードを上げ、今回はうまくいった。デ・サンティはポルデノーネで捕まったが、すでにタッパ・ヴォランテは手にしていた。

トレヴィーゾの直前で彼らは全員再び吸収された。しかしトレヴィーゾの町ですぐに次のアタックがあった。タッパ・ヴォランテのゴールラインを集団の先頭で通過したドーニが、そのままこのチャンスを見逃さずアタックし、コッリエーリ、シェール、フォルナラが後に続いた。シェールはコーナーで沿道の観客たちに突っ込んで、逃げるのは三人になった。風雨の中、何もない野原でもほとんど途切れることのない、レインコートとロウ引きの帽子と雨傘の分厚い二列の人混みの間を彼らは走った。モンテベッルーナの町を過ぎるとアスファルト道路は終わり、車輪が泥の噴水を上げ始めた。コッリエーリが加速した。彼は振り返り、他の二人が遅れていくのを確認した。そこで彼は煩わしい同伴者を切り捨ててゴールのバッサーノ・デル・グラッパを目指すことにした。「バルタリ、バルタリ！」と彼の黄色いマリ《シャ》ア《ツ》を見た人々は叫んだ。近づいてきても、まだ彼らは「バルタリ！」と叫んだ。逃げているのがバルタリのアシストのコッリエーリだということが誰にわかるだろう？　泥がマスクのように張り付いて、真っ白に塗られたしかめ面のアフリカの呪術師を思わせた。背中のゼッケンが見えて、やっと彼だとわかるのだった。こうしてコッリエーリが一分以上のリードを保って優勝した（しかし総合順位は何も変わらなかった）。

　雨と泥にも拘らず、なんと素晴らしいステージであることか。だがそれもすでに過去の記録として保管された。これまでのステージもまた記録として保管されたように感じられる。専門家たちやベテランファン、神官たちや専門家《プロフェッサー》たちや占星術師たち、自転車競技の秘教的儀式に精通している人たちはみんな、ここまでに起きたことを重視していない。彼らに従えばここまでのレース、二、二九六キロに渡る苦痛と試練と汗と苦悩はどれも序曲に過ぎないのだ。だから二人の偉大なテノール歌手は、まだ自慢の高音のドの音を聞かせてくれてない（付け加えるなら、彼らは咳払いもしていなかった。発声練習で喉を震わせる事すらしていなかった)。現在までのところ、フェンシングで言えば剣が一番繊細なフルーレで決闘しているようなものだった。戦士たちは、明日からは刃の広い剣を両手で握りしめて全力で斬り合うだろう。騎士の肌に引っかき傷をいくつか作る程度の序盤の突きなどなんであろう？明日になれば、ただの一撃で騎士は取るに足らぬ相手たちを葬り去るだろう。コッピとバルタリが何分か遅れているのがなんだと言うのだ？　レオーニは絶好調でスプリントになれば圧倒的な強さだ。しかし山ではどうなるだろう？　明日になれば一〇分の遅れなど、主役たちがあざ笑うだろう。彼らは言う、「あの上へ行けば断崖絶壁の渓谷の静けさの中で、巨人たちの力強い息づかいだけがすべてを支配する」と。

自転車競技においても、名声など儚いものだ。ラッパが別の方向を向くだけで消えてしまう。昨夜ウディーネで私たちもそれを少しだが見ることができた。普段とはまったく違って、二人の最高のカンピオーネへの歓声は弱々しく、ホテルの前は小さな雑踏しかなかった。人々とその歓声はレオーニの部屋の窓の下に集まっていた。しかしバルタリとコッピの神話はまだ生きている。スポーツに熱狂する人たちの一部が、その二人に対して持つ盲目的な信頼——ここで語っているのは一人のへそ曲がりだが——、それは感動的ですらある。

明日のロッレ峠、ポルドイ峠、ガルデナ峠で何が起きるだろう？　チームの秘密のミーティングでも、昼食中のテーブルでも、バーでも、ベッドに横になった選手同士も、電気を消した後でも、眠りがやってくる前にも、それ以外の話をする者は誰もいない。女優のリタ・

ヘイワースが結婚する？　ソ連の外務大臣ヴィシンスキーが、否《ニエット》と言ってる？　植民地？　キリスト教民主党の大会？　日雇い労働者のストライキ？　そんな話を聞いた者はいない。問題はバルタリとコッピがドロミテの山で何をするかだ。この問いに対して皮肉な微笑が老練なパヴェージの顔を明るくする。二人は彼の弟子だし、彼は自転車競技についてなら、アインシュタインが物理や相対性理論について知っている以上によく知っているのだ。彼はただ一つの可能性だけは排除する。つまり二人が一緒に逃げ、協力して先頭交代をするという可能性だ。彼が言うには、コッピもバルタリも今夜一晩で人格が変わらない限り、それはあり得ないのだった。これ以外ならなんでもありだ。つまりコッピがアタックし、ライバルを打ち負かすかもしれないし、まったく逆のことが起きるかもしれない。二人が互いに牽制しあって戦いを避けるかもしれない。あるいは、これが私たちが願うことだが、誰か無名の若手が偉大なエースたちを盛大にぶっちぎることもあるかもしれない。そして新星発見をふれ回ることになるかもしれない。明日の晩には新たな名前が世界を席巻するかもしれない。しかし専門家《プロフェッサー》たちは頭を振る。そんなことはあり得ないと言う。バルタリかコッピか、だ。ドロミテでは他の誰もあり得ないのだと。

今晩、ドロミテの山々は眠っている選手たちを脅かすように、挑発するように迫ってくる。恐ろしい断崖絶壁、垂直の岩壁に刻まれたガードレールのない血も凍るような道、モンスターが後から追いかけてきて、彼らは険しい登りを辛そうに登っていく。まだ行ったことのないあの上に、岩壁の間に、開かれた峠に救いが待っているのだ。ファウスト・コッピもジノ・バルタリも間違いなく同じだ。彼らは喘ぐように目を覚ます。灯りをつける。時計を見る。ため息をつく。出発の時間だ。

16

嵐の中の熱い戦い、
コッピが最大のライバルを打ち負かす

ボルツァーノ、6月2日夜

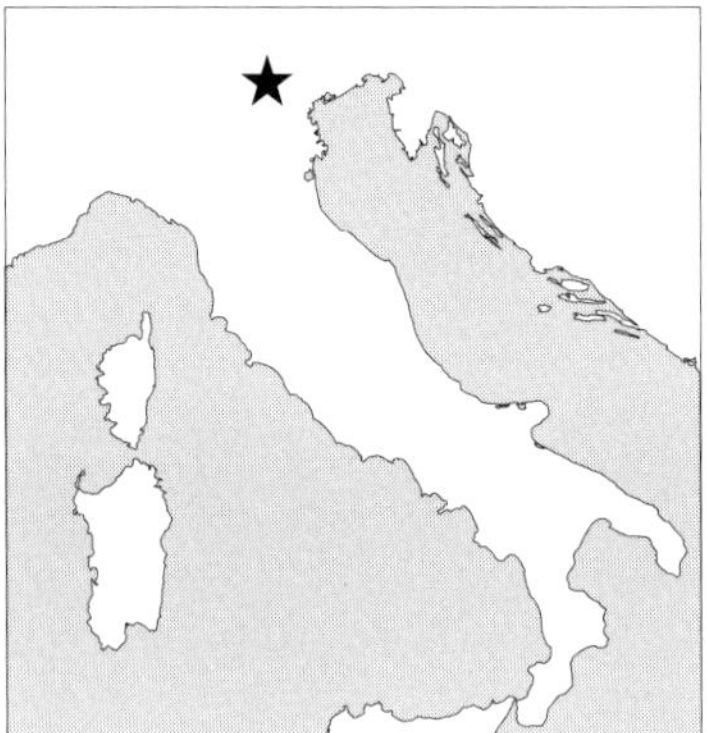

　樅の木がまばらになる所で——藤色のガレ場のある禿げた牧草地や、ロッレ峠に見えるホテルのずっと上方、黒雲に覆われたチモン・デッラ・パラ山の威圧的な岩の台座部分のさらに上方で——集団の先頭を走っていたバルタリがアタックしようとした。私たちはそれを上から見ていた。彼はサドルから腰を上げて自転車を振り、数メートル先行するとつづら折れのカーブで、疑い深く抜け目のない顔でゆっくりと振り返った。後ろの奴らは諦めたか？　瞬時にして、彼は目の端ですぐ後ろには誰もいないのを認めた。そしてその瞬間、二つの黒雲の間を抜けて、突然日差しの暖かさが感じられた。それからまたすぐに影が差すのが感じられた。影は一つ、二つ、三つ、四つと彼の背後に忍び寄った。バルタリは見た。疑う余地はなかった。影はコッピだった。しかし、他にもパソッティ、ロンコーニ、ロッセッロ、コットゥール、アスト

ルーアも見えた。

ひょっとしたら彼はこんな風に考えたかもしれない。「このチビのパソッティが元気なのは登りだけだ。まだ少々華奢だし、はっきり言って経験不足だ。しかし俺の後継者になれるか？　で、今はどうする？　俺はこのまま続けるべきか？　一、八〇〇メートル登った後も、この全員がホイールを突き合わせて残るはずはない。しかし、まだ早すぎるかもしれない。今日はまだまだたくさん登らなければならない。幸いにも俺の調子は良い。今朝はだいぶナーバスになっていたが、以前ならこんなことはなかった」

彼はこの先の距離を見積もった。頂上まではすぐだ。大きな逃げ《フーガ》を打つには遅すぎる。そこで力を抜いた。しかし先頭は譲らない。尊大な態度で徐々にスピードを上げる。プロトンは崩壊し、彼の目論見は成功した。バラバラになった小さな集団が、つづら折れの坂道を登ってくるのが見えた。風。コルブリコン山の赤い山腹に不吉な明かり。ロッレ峠で待っている群衆の叫び声が彼には煩わしかった。人々が自分の名前を叫ぶのが聞こえた。山岳ポイントだ。ボーナスタイム一分。彼は獰猛にアタックした。自分の強さを確信した。と、彼の横に別の前輪が現れ、彼を追い抜こうとした。彼は怒ったように三度サドルから腰を上げて、ペダルに全体重を乗せた。なんてキツイ道だ！　何かが顔に当たったが、きっと花だったに違いない。隣の前輪は後退していった。彼はトップでラインを越えるとスプリントの勢いをそのままに、プレダッツォへの道を駆け下っていった。コッピはしっかりとついてきた。この集団の他の選手も同様だった。ロンコーニだけは別だった。樅の木の下で、ホイールを外しているのが見えた。パンクだ。

こうして彼らは森を抜ける砂利道を一緒に下っていった。森が黒くなった。黒かったのは雲も同じだが、下の方が完全に散り散りになっていた。時々霧の中からドロミテ山塊の荒々しい岩壁が垣間見えた。何かが顔や太ももに刺さった。雹《ひょう》だ。山の中は嵐だった。徐々に舞台装置も戦いの様相も忘れられないものになった。堂々たる樅の木が、かたわらを飛ぶように過ぎていくが、スピードのせいで完全に歪んで見えた。泥。ブレーキは母猫を探す子猫のように鳴いた。見渡す限り生き物の気配はない。自転車の音以外何も聞こえない。雹のパチパチとブレーキの鳴き声だけ。結果として何も起きない。補給地点があるプレダッツォの町で再び人数が増えた。谷の下では太陽が再び顔を出し、雹も風もやんで選手たちは一息ついた。

試練はまたすぐに始まるだろう。しかしその間に、ほぼ平坦な区間で集団が再びまとまり、休戦状態になった。選手たちは食事をし、水分を補給して、顔についた泥をぬぐい、何人かは冗談を言い合う。神経も少し休まる。決定的な動きはポルドイ峠であるのだろうか?

バルタリは歯でバナナの皮をむいている。しかしそれに集中している時間はたったの二秒だ。だが、目をあげると三人がアタックしたのが見える。「逃げた！」と誰かが叫ぶのが聞こえる。バルタリはバナナを投げ捨てる。頭を下げると、彼特有の腰を伸ばしたフォームで自転車の上に屈み込み、全力でペダルを踏みつける。

逃げたのが誰かなんて聞く必要はない。あらゆる方向から見たコッピのシルエットが脳髄に刻み込まれているのだ。それからマリア・ローザのレオーニだ。そして小柄なパソッティ。すごい勢いだ。幸いにもバルタリには有能なジョモーがいる。彼の副官だ。他の選手たち、アストルーア、ロッセッロ、ビアジオーニ、チェッキ、フォルナラは、おそらく彼にとって役に立たない。

こうしてほとんど平坦な、もっとも安全だと思われた場所で、これまで毎日先延ばしされてきた本当の戦いが始まった。

バルタリは思った、ちくしょう、忌々しいバナナめ。この俺が子供のようにびっくりさせられるなんて！　不覚をとった。俺にとって一番安心なはずの平坦路で行くとは。「行け、ジョモー！　さあ急げ！」しかしジョモーはそれ以上スピードを上げることはできない。コッピは差を広げていく。

バルタリが再び前へ出ようとしたそのとき（太陽は隠れていたが、谷の上方で、突然、サッソルンゴ山の雪の輝く壁が、まるでクリスマスの時の幻想的な大聖堂のように輝いた）、まさに前に出ようとしたそのとき、後輪がパンクした。新しいホイールを、早く！　チームカーは石を投げれば届くところにいる。五秒、六秒、七秒、一〇秒。できたか？　できた。さあ行け！　ジョモーとともに他の追走者たちに追いつき、改めて指示を出す。この程度では彼はへこたれない。また登りだ、彼にとってはエネルギー補給のようなものだ。自分が絶好調だと感じる。不安などない。なのにコッピと他の二人の姿が見えないのはどうしてだ？目の届く範囲に彼らはいない。あの不用心な瞬間が恨めしい！

すべてはあのちょっとした不注意のせいなのか？　本当に？　それとも別の理由があるのだろうか？　見よ、ファウスト・コッピを。彼は登っているのか？　いや、登っているのではない。ビリヤード台のように真っ平らな道を走るように進んでいる。遠くから見ると、彼はまるで楽しげに散歩しているかのようだ。だがそれはあくまで遠くから見たときのこと。近くで見れば、顔がどんどんやつれ、上くちびるが縮み、罠にかかったネズミのような奇妙な表情になるのがわかる。彼と逃げた二人はどうしただろう？　レオーニはとっくにちぎれ、今は苦しみに打ちのめされている。それに対してパソッティはまだ耐えていた。ひょっとして脚光を浴びる日が来たのか？　新たな星《スター》が空に輝くのか？　ああ、彼を一目見るだけでもうわかる、静かな諦めに満ちた苦しみがその童顔を歪めているのが。その目はもう何も見ていないようだ。そう思えるぐらい輝きを失っている。なお一〇メートル、そしてパソッティは諦める。コッピが単独だ。

ポルドイ峠への長い登り、アラッバへの下り、そして再びカンポロンゴ峠への登り（さらに二五〇〇メートルの最も険しい登坂）、それから再びコルヴァーラへの交差路まで下る――この地獄のようなコースを、私たちはずっと車で彼についていく。彼は穏やかに走り続け、時々ハンドルの上に体を伏せ、腿はがっしりとしているのに、膝から下はほっそりとした鍛え上げられた足をリズミカルに動かす。後ろを振り向くことはなく、彼の数メートル背後を追走する青いチームカーの監督トラゲッラから助言を乞うこともない。彼は走り続ける、ピズ・ボエ山の素晴らしい頂の下を血の気のない陰鬱な顔をして、嵐の叙事的な雰囲気の中で、痩せた牧草地に沿って駆け登り、どんどん孤独になっていく。自転車の選手、その通りだ。そして私たちは間違いなくファン《ティフォジ》ではない。だが、心臓を激しく拍動させ、一人で山を次々と駆け上るこの痩せた若者には私たちの胸を熱くするものがある。下りでも無理にペースを上げず、軽やかなペダリングなのにスピードは上がっていく。カーブでは体を硬くし、直線路になると再びリラックスする。考え抜かれ、常に自分の体に忠実だ。肉体的な苦痛は不思議なほどに封印されている。ますます孤独になっていく。牧草地に人はなく、オートバイの騒音もなく、自動車が雪崩のように迫ってくることもない。私たちが彼に近づいた時、ヴェッラッティが叫んだ。「ブラボー、コッピ、五分もリードしているぞ！」彼は顔を上げ、何か言おうと唇を動かしたが、声は出なかった。そうなのだ、バルタリはポルドイ峠を五分半遅れで通過していた。彼の前にはまだレオーニとパソッティがいる。

　ここで最後の苦しみがやってくる。ガルデナ峠である。まだ六〇〇メートル登らなければならない。冬のような風が吹いてくる荒々しい渓谷と不気味にそびえる山頂。コッピのスピードが少しだけ落ちる。力を使い尽くしたか。ついに彼は腰を上げる。三回四回と踏み込むと再び落ち着く。嵐の中の圧倒的な逃げ《フーガ》が鈍る。ちょうどバルタリのところから来たオートバイから奇妙な噂が届く。バルタリは他の選手をちぎって一人で追走を続けている。彼は下りで二分を取り戻している、とオートバイのドライバーたちは言うのである。彼はまさに今、全力を出し始めている。コッピのペースがほんの少しでも緩めば、峠に着く前に追いつくだろう。

たまたまあるカーブでコッピにライバルが見えた。遥か遠くだ、間違いない、驚くほどずっと下だ、ほとんど登り口にいると言って良い。しかし彼はやってくる。山岳のパノラマの中でジノ・バルタリの黄色マリア《シャツ》と、追走する黄色いチームカーが光っている。私たちは彼を観察するために車を止める。彼は全力で走っている。それは間違いない。道を行く人に驚いた火トカゲ《サラマンダー》のように、サドルの上で身をくねらせている。しかしそれは疲労の目印ではない。ハードなレースでの彼のスタイルなのだ。そしてすべての選手の中で彼一人が、今朝のバッサーノでとまったく変わらない表情をしている。つまり狡猾で、悲しげで、不満そうな、古代のメドゥーサのマスクのような表情。

言葉にするのが難しい感情、一種の精神の緊張、同情、このような絶望的な果たし合いを目の当たりにする驚きが渓谷を覆った。老カンピオーネはこの窮地を脱することができるのだろうか？　それともこれが彼の運命の時なのか？　ファンファーレが鳴りひびき、岩山でこだまとなって反響した。それは伴走するオートバイのクラクションだったが、孤独な山の神が信号を送ったかのようでもあった。そしてコッピはサドルの上でためらうのをやめた。新たな息吹が未知の方角から彼に向かって吹いてくるようだった。勝利の女神の見えない手が彼を前方へ引っ張りあげ、そしてガルデナ渓谷へと駆り立てた。今や彼は飛び立った。恐ろしいほどの幸福感を感じながら。その顔は苦痛以外の何ものも表していなかったにも拘らず。

彼はボルツァーノのスタジアムに駆け込んだ。規定の周回をこなし、ゴールラインを越えた。勝利。そして空っぽの時間が過ぎていった。一分、二分、三分、四分、五分、六分、七分。ついにつんざくような叫び声が、他の選手の到着を告げた。彼は一人ではなかった。不屈のレオーニと若いアストルーアが最後のところで彼に合流することができたのだ。彼は疲れているようには見えなかった。彼は最後の瞬間までゴールラインで2位を争った。それは戦いが敗北に終わったことを知りながらも、最後まで抵抗し続ける兵士のようだった。そして長い間があって他の選手たちがやってきた。みんな磔にされたキリストのように見えた。

17 彼には敗者の役割は似合わない

ボルツァーノ、6月3日夜

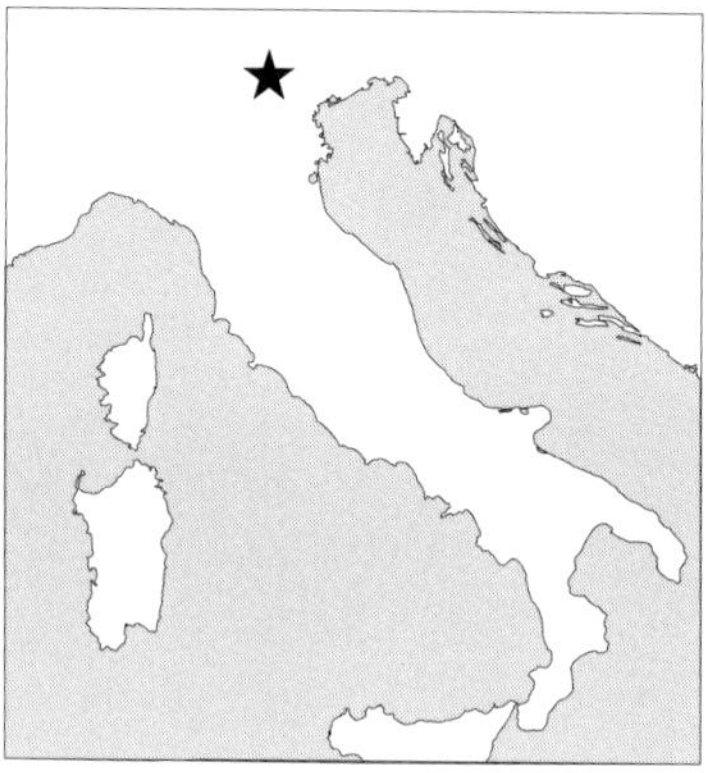

この章では、すでに若くない偉大なカンピオーネがついに屈服し、転落が始まることを語るのがふさわしいのかもしれない。それなら悲壮感があるし、まず勝者を称えるとともに、同時に敗者のドラマに寄り添うという私たちの気分にも合っているかもしれない。その場合その男がもう若くなく、すぐにであれ、後でであれ、この先やり返すことができそうにないなら、ますます効果的だろう。彼に残された時間はすでにわずかなのだ。起きてしまったことは取り返せない。どんな希望も禁じられた最後の地点は、もはや地平線の向こうにある曖昧な予感ではなく、手に取れるぐらいすぐ近くのはっきりしたものだった。

ジロ・ディ・イタリアについて書く者にとって、読者をこのようないくらか辛い話で感動させるのは、してやったりなのかもしれない。ある日、名声の絶頂から落ち度もないのに滑り落ち、若い頃のスタート地点に戻っていることに気がつく男、もう誰も街道で彼を指さす者はなく、彼の名前が徐々に名声という魔力を失い、いつの間にか電話帳に載っているたくさんの名前の一つに過ぎなくなる、そんな男以上に、私たちの同情心を刺激するものは世の中にないからだ。

このカンピオーネがゴールしてすぐにホテルの部屋に閉じこもり、泥のかさぶたを綺麗に落とすためにシャワーを浴びる姿を描けたら素晴らしいだろう。しかしお湯の温かさも石鹸も、彼を待つベッドの非の打ち所のない清潔さ（ここは清潔さと、客をもてなすことにかけては最高ランクの町ボルツァーノだ）も、翌日の休息日への思いや、届けられたばかりの郵便や、プレゼントとして届いたイタリア三色旗のリボンのまかれた巨大なケーキも、彼にいつものゆったりした気分をもたらしてはくれない。逆に、どれもが傷口に塩を塗られたような気分にさせられる。それらはどれも、その気になれば勝利はいつでも自分のものだった黄金時代の、今日とは違う別のシャワー、別のベッド、別のリラックスした時間を思い出させるからだ。その間にも、彼を応援する人たちが路上で彼の名前を呼び、この晩初めて気になって耳をそば立てる。白い鎧戸の枠を通して外を伺い、悲しくなる。なんと惨めな合唱、以前の日々の群衆の吠えるような声に比べて、なんとつましい人の数か。当時彼は一種の反感とともに彼らを嫌った。単純で心の広い愛すべき友よ、君たちはどこへいったのだ？

それからチームの全選手が、監督やマッサー、メカニックなどと一緒に、同じ長いテーブルについている夕食シーンを描かねばなるまい。しかし今晩はいつもの賑やかさはない。会話の口火を切る勇気がある者はいない、さきほど有罪判決を受けた人がいる家の中のようだ。彼、つまりカンピオーネ自身は意図的に、終わったことはおくびにも出さず、知らん顔で氷のような空気を打ち破る。トレーニングキャンプ中に、夕食時の話題を探しているいつもの晩のようだった。しかし彼の無理やりな素振りが、かえって居心地の悪さを強める。誰も彼の無駄話に反応しない。苦痛に満ちた静けさの中でチームメイトたちは皿を凝視し、チキンを切り分けるのに忙しいという素振り。誰かが咳をする。少し離れたところでじっと立っているウェイターだけが、異形の肉体を持つ者たちを前にした好奇心から、打ち負かされたエースを興奮気味に見つめている。

あるいは、追い詰められたカンピオーネが悪夢に苦しめられて目を覚ます夜。落ち着こうと彼はタバコに火をつけ――バルタリはタバコを吸う数少ない選手の一人だ――部屋の中を徘徊する。外でもホテルの中でも音はしない。この瞬間に彼のことを考えている者はいない。みんな睡眠の黒い穴の中に沈み、彼のことなど顧みない。この男のものすごい憂鬱を想像して欲しい、過去の亡霊がひしめき合って、現在の運命を査定する憂鬱を。廊下や隣室から他の選手たちの規則正しいいびきが聞こえる。彼らは、今日は彼に従順だったが、明日は彼を置いて行ってしまうかもしれない。そして彼はその生意気なペースに、ついに初めてついていけなくなるのかもしれない。若造たちめ！　彼らは獣のようにいびきをかき、彼がタバコを吸って最後のエネルギーを浪費している間に密かに剣を研いでいる戦士のように、せっせと力を蓄えている。

この魅力的なテーマをとことん語れたら素晴らしいし、私たちにとっても好都合だろう。しかしそれは正しくない。そうするためには事実をひっくり返さなければならないだろう。というのも、問題のカンピオーネは人生に敗れたわけではないのだ。彼はロマンチックなヒーローではないし、時間の容赦ない法則に見捨てられた可哀想な人物でもない。いや、私たちが向き合っているのは奇妙な人物、頑固で意固地で、ある意味で人間らしくなく、私たち他の人間とは似たところがない人物、落胆することを知らず、逆境でもめげることがない、そんな人物なのだ。彼はブツブツと嘆き、常に文句を言い続けるが、それは普段の習慣で、たとえすべてが順調に運んでいる時でも変わらない。失望など存在しない、人を寄せ付けぬ難攻不落の要塞。それが打ち破られたのだ。彼はそれがわかっても言い訳をしない。しかし彼は以前の彼とまったく同じなのだ。やめるという考えは、そもそも思いつかない。自分は調子が良いと感じており、全盛期以上でも以下でもない。だから彼は悲しくないし、落ち着いているふりをする必要もない。判決を下されたとはちっとも思わない。

前年、彼をツール・ド・フランスで優勝に導いたイタリア代表監督アルフレド・ビンダ［（一九〇二〜八六）ジロ五勝、世界選三勝など、ジラルデンゴ（27頁参照）の後を継ぐスーパースターであるとともに、引退後はイタリア代表監督として長く名を馳せた。］は、次のツールを念頭に、状態を判断するために、昨日のドロミテのステージをしっかり観察してこう言っている、昨日のバルタリは去年の夏の最高の日々と同じように走れていた。しかし一九四八年のフランスではコッピがいなかった。すべての理由はここにある、と（ベンヨ・マソ『俺たちはみんな神さまだった』（未知谷）参照）。

肉体的な衰えのドラマは、彼にはまだ関係ない。いつの日かそれははっきり出てくるだろう。それはどうしようもない。しかし今日話題にすることではない。昨日のバルタリは不運に次々と襲われたのだ、とチーム監督のヴィルジニオ・コロンボは主張する。彼が言うには、災厄は選手たちが補給食を食べたプレダッツォを過ぎてすぐに始まった。補給地点でのことだ。後輪の空気がゆっくりと抜けているのに気がついた時、バルタリは副官のジョモーにそれを伝えた。ジョモーはチームカーに近づいて、迂闊にもそれを大声で報告してしまったのだ。コッピは耳ざとくそれを聞きつけた。コロンボが言うように、彼はこれまでで一番クレバーな選手なのでチャンスを見逃さなかったのだ。その結果アタックされた。ホイールをすぐに変えるか、もう少し待つか、変えるならギアはどうするかをコロンボと協議している間に、「常に不満な男」バルタリは貴重なタイムを失った。ようやく追走を始めた時、今度は食事を忘れた。自転車レースにおいて、食事は蒸気機関にとっての石炭と同じぐらい重要なものである。こうしてある程度走った所で、彼は力が出なくなった。それはガルデナ峠からオルティセイとボルツァーノへ下る途上でのことで、彼ほどの下りの達人がびっくりするほどゆっくりと下っていくことになったのである。

これがコロンボが語ったことである。ほとんど言い訳に聞こえかねない説明だ。確かにバルタリ自身はそんなことは言わない。彼は敗れたときにも誰かのせいにせず黙ってこらえ、あり得たことやあり得なかったことを嘆き悲しんだりしない。私たちの物語の最も感動的な章にとって、これほどふさわしい人物がどこにいるだろう？　自分が負けたと思ってない彼に対して、どうして同情の気持ちが起きようか？　不運に見舞われたことを嘆かない運の悪い男？　老いる悩みとは縁のない（少々）老いた男？　だからバルタリは昨夜シャワーを浴びるときも夕食のときも、普段の日と変わらぬ快適さを感じていたのである。夕食のときも、彼は偽りの快活さを装う必要性は感じなかったし、いつも通りブツブツ言っていた。そして決して真夜中に目覚めて煩悶することもなかった。彼は今朝九時までぐっすり眠った。

だから打ち負かされたカンピオーネを想って泣くな。それはまだ早い。彼に同情するな、彼を没落しつつあるヒーローにするな、彼に慰めの手紙を書くな。彼にはそんなものは必要ない。君たちの誰かが老いることを気に病み、バルタリに同病相憐むような慰めを感じているのなら、それは大間違いだ。セニョール・ジノ・バルタリは老いてない。落胆してない。悲しんでもいない。自信に満ち溢れ、言い訳などしない。今朝彼はこう質問された。「昨日は二、三回パンクしたでしょう？」すると彼はこう答えた。「パンク？　パンクなんか一度もなかった」

18
「小物」が逃げても「大物」は動かない

モデナ、6月4日

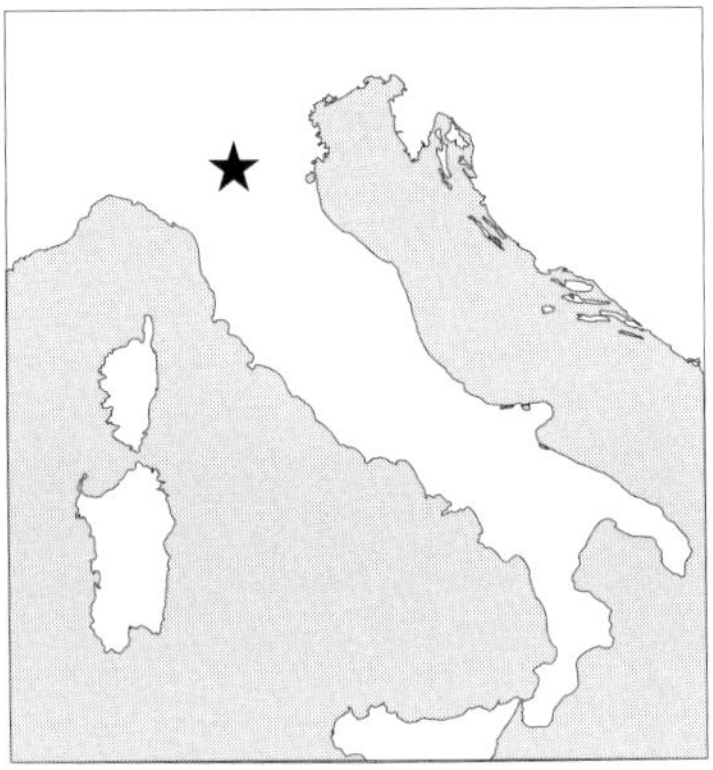

ボルツァーノからヴェローナへ下る道を思い浮かべてもらいたい。素晴らしい朝だ。そしてそこをまるまる一日休養したおかげで、リフレッシュしたジロ・ディ・イタリアのキャラバンが走る。それを全部見るためには山を少々登らなければならない。まず先遣隊が来る。アイスクリーム販売車のような形の装甲ジープには、四人のジャーナリストが乗っている。この小さなグループのリーダー格の太った同僚スラウィッツは寝坊し、スタート時の慌ただしさのおかげで食べ損ねた朝食を求めて先行しているところだ。ジープが走り出し、一分ほどを静かにしていると、本当の前衛の登場だ。アンテナを伸ばし、奇妙な昆虫のように見える報道の車とラジオ中継車、主催者の車、審判、タイムキーパー、そしてその間をバタバタと走り回るオートバイ。それは伝令や連絡員、カメラマン、ラジオレポーター、疲れを知らぬミラノの交通警察官たちだ。人気者のコルシも忘れてはならない。彼は子

供のような心を持った大男で、春の鳥のように幸せそうな、誰とでも親しくなれる男で、オートバイでジャンプをしたりアクロバットのような曲乗りをして、沿道の観客を楽しませてくれる。ここでは色とりどりの服が見られる。高山用コート、カウボーイが着ていそうなシャツ、水着、ヘルメット、アメリカンスタイルの赤いキャップ、海賊風バンダナ。厳格な家長なら家では絶対しないもっとも変な媚びたおどけも、ジロを口実にできるかもしれない。数秒の間があり大集団がやってくる。まずは交通警察の一群、それから選手たち、様々な色の群れが遠くからチカチカとカーニバルのように光る。すぐ後では精力的なレースディレクターのジュゼッペ・アンブロジーニが右手に赤い小旗を持って続く。それから、選手たちのマリアと同じ色の各チームのチームカーが、予備ホイールと自転車を満載してやってくる。さらに報道の車、その他のオートバイ、修理用トラック、スピーカー付きのバンからは最新情報と音楽が流れる。最後に――プロトンはとてもゆっくりなのは言うまでもない――パンクで遅れた選手が一人必死で走ってくるが、それが誰なのかは遠すぎてわからない。そして一番最後尾をガードするための二台のオートバイがやってくる。そしてその後を車やオートバイや自転車に乗ったファンが入り乱れる。彼らは、ついさっきまでコッピやバルタリやレオーニの肺を満たしていた同じ空気を吸えることで誇らしいのだ。

ジロのキャラバンは美しく若々しく、幸福感がある。生命への信頼を掻き立ててくれる。今朝の姿は完璧だった。風呂上がりの選手のように、髪は清潔に梳《くしけず》られ、髭も剃って美しかった。急いでいるようにはまったく見えない。

私たちは山を駆け下り、行列の先頭の車列に合流する。スピードは27キロ以上になることはない。陽光はうたた寝を誘う。しかし突然一台の車が私たちを追い越していく――よく知られた新聞社のロゴがついている――ものすごいスピードだ。なぜだ？　何が起きた？　後ろを走るプロトンから誰かが逃げたのか？　詰まってしまわないように、こちらもスピードを上げた方が良いのか？　誰にもわからないが、その車の様子を見ただけで警報発令だ。車やオートバイのドライバーは理屈に合わないヒステリーに捉えられる。先頭の車を後ろの二番目の車が煽り立て、三番目の車はクラクションを鳴らしながらその二台を追い抜こうとする。まるでインディアナポリスのコースにいるようだ。吠えるような恐ろしいクラクションの音が谷間に鳴り響き、スピードメーターが振り切れる。時速100キロ。その後すぐに一〇キロ以上に渡ってキャラバンは引き伸ばされた。とうとう先頭を走る車がアディジェ川沿いでひとりぼっちになる。振り向いて後ろを見ても誰も見えない。車を止める。静かだ。スズメがちゅんちゅん鳴いている。一分経過、二分、五分、やっと他の連中が姿を現す。何が起きたのだ？　なんでもない。みんなひとかたまりになって、相変わらず春のサイクリングペースだ。

再び私たちものんびり走り出し、またしてもうつらうつらし始める。すると突然オートバイのドライバーが姿を現し、まるで敵襲を告げるかのように激しく右手を振る。何が起きたのだ？　誰にもわからない。いらいらした気分が広がる。車から身体を乗り出した同僚の一人が発する不明瞭な叫び声から、レオーニの名前が聞こえたような気がする。「レオーニがアタックしたのか？」と私たちは尋ねる。「え、そうかい？　レオーニがアタックしたの？」と彼は要領を得ぬ様子で答える。そして私たちはものすごい勢いで走り出す。他の連中も追随する。再び大騒ぎの混沌状態。またしてもずっと前方で、静かな谷の完全な孤独の中にいる。そしてまた停車。何が起きたんだ？　何も起きていない。相変わらずみんな一緒で、相変わらずのカタツムリペースだ。

私たちが谷を抜けていく間に四、五回そういうことがあった。選手たちの間ではまったく何も起きなかったのに、常に私たちの神経は張り詰めていた。ドロミテの後、一層ドラマチックに激しさを増した二人のカンピオニッシモの争いは、戦いにはおよそふさわしくない平地のステージなのに、選手たちの平和な隊列の中で静かにくすぶり、いつ破裂してもおかしくない膿瘍のようだった。なにか興奮した声やオートバイの運転手の身振り、何らかの警報を鳴らしかねないほんのわずかな合図、そんなもので地獄の大騒ぎが新たに始まった。一〇分間の不必要な熱は再び冷却されて、以前のだらけたペースになった。私たちが南下している間に太陽は白くなくなり、家々の尖った屋根も減り、周囲の山々はうずくまり、アディジェ川の流れは鈍重になり、青い前掛けをつけた男たちはますます少なくなり、岩山の上に古城は稀になり、木々はますます繁茂し、金髪の少女がますます少なくなった。

「ヘイ、寝てるのか、選手たちは?」とすでに数時間待っていた若者たちが問いかけてきた。本当は彼らは寝ていなかったが、しかしほとんど寝ているようなものだった。ロヴェレトの町の前でカロッロが逃げたが、芽のうちに潰された。他の二、三人の選手が追いかけ、親しげにすぐ横で並走して肘で彼を引き止めたのだ。それに続いた小さな逃げ《フーガ》も、伴走車を不要に混乱させる効果しかあげなかった。

では、何もないステージだったのか? ほとんどそうだ。自転車競技の歴史に、今日は特に調子が良かったベヴィラッカが、ヴェロナのタッパ・ヴォランテでコンテとレオーニを破って勝ったことは記録されないだろう。同様に、残酷な話に聞こえるかもしれないが、オスティリアの町直前のバルドゥッチとドレイのアタックもそうなるだろう。だが、このアタックにはすぐにベヴィラッカと他の六人、つまりコンテ、カッレア、ローリ、セゲッツィ、ペッツィ、トニーニが合流した。これは予見できた。そしてこの九人のうち誰一人として総合順位で危険性がある者はいなかったから、彼らは容認された。

逃げた彼らがモデナに到着し、コンテがステージ優勝を遂げ、「大物たち」が遅れたことはきちんと記録された。残りを記録することだけが私に残されている。つまり輝かしい陽光、沿道に押し寄せる全住民、熱狂のあまりほとんど我を忘れた人々、人であふれんばかりの競技場での神格化された讃美、そして、道で人々が大騒ぎをしている時に書くことに集中するのがとても困難だということ。というのは、運が悪いことに、そしてなぜかわからないが、ファウスト・コッピが私たちと同じホテルに滞在していることが知れ渡っていて、ホテルの前はうるさくてかなわなかったのだ。

付録2　モンテカチーニの競馬場で、
レオーニがスプリントでコッピを下す

（チロ・ヴェッラッティのレポート）モンテカチーニ、6月6日朝

昨日のマリア・ローザはそよ風に、モンテカチーニの競馬場の長くきついトラックでの、スプリントの風に委ねられた。もしコッピが1位になっていたら、バラ色の象徴的なこの服は所有者を変えているところだった。しかし、大好きなマリアが自分の肩から滑り落ちそうになっているのを感じたレオーニが、スプリンターとしての能力を思い出し、グレーハウンドのように、白と空色《ビアンコ・チェレステ》のマリアの桁外れな選手の前輪より前に自らの前輪を投げた。そういうわけで、ジロの新たなニュースはない。コッピはアベトーネで一五秒、ゴールスプリントで三〇秒のボーナスタイムを稼いだが、レオーニは丸々一分のタイムでリードを伸ばし、僅かとはいえ、総合タイムで地盤固めをした。これでまだ何日かは息をつける。そしてジロ・ディ・イタリアは、外見上はまだどうなるかわからない。

もちろん、レオーニが山岳ステージで勝ったということは、つまりこのステージの山では、戦いはなかったということだ。これはイタリアの自転車競技の世界では言わずもがなのことだ。もしかしたら今回のコッピは、ただ寛大だっただけかもしれない。しかしまた、これまでカンピオーネの器じゃないと思われていたレオーニが、このマリアを着たことで力を得て、勢いに乗り、何よりも粘り強くなって、マリアを守ったのだと言うことだってできる。実際、これは彼にとっても新しい状況だ。彼は、自分でも言っていたようにその力量にも拘らず、偉大なキャプテンのではあったが、ずっとアシスト選手《グレガリオ》だったからだ。最初はコッピの従者だった。それからバルタリの従者になった。常に彼はご主人様の気まぐれ、とまでは言わないにせよ、ご主人様のご意向に添うようにしなければならなかったのだ。だが、ついに今、奴隷状態から解放され、彼の言葉を借りれば「俺自身のグレガリオ」になるため自立した。責任はこれまで以上に大きくなったが、満足度も増した新しい世界に、今、彼は生きている。その空気を深く吸い込みながら、この世界は彼には非常に好ましく思えるのだ。

それまでこのステージで見てきたことは、アベトーネ峠で見たもののおかげで、すべて記憶から消えてしまった。アベトーネ峠ではトスカーナ州が迎えてくれたが、これは息苦しく無慈悲な出会いだった。トスカーナにとって自転車競技がどんな意味を持つかを考えてもらいたい。そして今年のジロでは、そのトスカーナの情熱を注ぐことができるのはこのステージだけなのだ。自転車競技に対する熱狂の総体をこの一回に込めなければならないのだ。今、私の窓の外に見えるモンテカチーニの中央広場では、私たちが到着した時に、これまでの人生で見たことがないほどのものすごい交通渋滞が起きた。そこからどのように逃れることができたかは神のみぞ知るである。公的な交通整理がなく、すべては各人の自発性や能力や好意まかせだったのだから。各人の自発性というやつはイタリアでは奇跡のようなものだ。しかし、ここでは規律とか常識というものは、バルタリを見たいという願いに完全に圧倒されていた。この願いはイタリア全土でも見られるが、トスカーナでは不安を覚えるほどのスケールの、予測できない結果をもたらしかねない願いだ。そもそもこの地域では、私たちの自転車競技の世界を作っている構造の屋台骨が崩れ落ちてしまう。他の場所ならどこでもコッピとバルタリはこの構造を支える大黒柱、二つの恒星で、他の選手たちは彼らの周りを小さな惑星のように、あるいは衛星や彗星のように回っている。ここトスカーナでは各地域でアイドルは一人しかいない。ここではそれはソルダーニだ。別の地域へ行くと今度はチェッキに熱狂する人たちがいる。そして他の地域に行けばビアジオーニに心を躍らせている。トスカーナ地方はイタリアの自転車選手のほぼ半数を輩出していて、そうした選手たちのそれぞれが、小さな自分のテリトリーを持っている。もちろん他のすべての選手を圧倒しているのがバルタリだ。他のどこよりもトスカーナでより一層偏屈で不機嫌な、そしておそらくそれゆえにこの地で特に愛されている暴君だ。コッピは知らんぷりされた。彼を声援する人は例外で、しかもそのほとんどはこの地域の者ではなかった。彼がバルタリの名声を傷つけることは許されなかった。だからもしトスカーナの人間が「コッピ万歳《ヴィヴァ・コッピ》」と叫んでいるのが見つかったら、裏切り者の烙印を押されたことだろう。

モデナを出発した時、人々の主な関心はマリア・ローザのレオーニや、コッピやバルタリにではなく、「黒いシャツ《マリア・ネラ》」のカロッロに向けられていた。ラジオ放送「ジリンジロ」のおふざけ者たちが、新しい象徴的なマリアを発案したのである。それは総合順位最下位の選手に与えられるものだが、この嬉しくない特典のおかげで、結構な賞金を手にでき、しかも毎日の報奨金も出る。世の中はどんなものかはご存知の通り。冷遇されている者、あるいはそう思われている者に、いつでも心を動かされ、財布の紐が緩められる。強者たちのキャラバンの中で、誰が最も弱いのか？　強大な者たちの小さな王国の中で最もつまらぬ者は誰なのか？　今、それが特定された。黒いシャツ《マリア・ネラ》を身につけた彼に、みんなの心が向かっていく。マリア・ネラがマリア・ローザより金になり、それを獲得するために、総合順位下位の選手たちはあらゆる手練手管を駆使するような事態となった。だが、無論「制限時間《テンポ・マッシモ》」を越えないように常に注意しながらだ。レオーニのマリア・ローザがかなり危うくなった一方で、カロッロのマリア・ネラは、目に見えない紐でしっかりと結び付けられているように思われたのは事実である。これは徐々にレースディレクターを不安にさせ始めていた。というのも、アベコベの意図を持ってレースを走り、自然に反する欲を持って総合順位を眺めるアシスト選手《グレガリオ》たちが出てきたからだ。冗談として始まったことが、少しずつ深刻な問題になってきたのだ。

最初の何キロかは特に語るべきこともなく、プロトンの平和的な意図は明白だった。徐々にパヴッロへの、この日最初の登り坂が近づいてくる。ほとんど気がつかないうちに登れるような緩やかな勾配だ。そして誰も戦いの意思を毫も示さず、最初の五〇キロが何事もないまま過ぎていった。パヴッロの後、路面は埃っぽくなり、典型的な山道になった。カーブが増え、しかも狭くなり、何箇所かでは勾配がきつくなる。この登りでレオーニがこの日二度目のパンクに見舞われた。最初のパンクはすでにスタート後一八キロで、無論その時はなにも起きなかった。だが今回はマリア・ローザが地面に足を着くや否や、集団はスピードを上げ、縦に伸びた。先頭ではコッピ、バルタリ、アストルーアの小グループができた。何しろ二人のエースがそこにいるのだ、これは決定的な逃げ《フーガ》の始まりになりかねなかった。しかし、このトップクライマーたちは本気で逃げる気は無いことがすぐにわかった。おかげでレオーニは小さな追走グループの先頭を走り、標高一、二二一メートルのバリガッツォ峠を登りきる前に彼らを捕まえ、三〇人ほどのコンパクトな集団になって頂上を通過した。下りでパンクによる小さなドラマがあったが、その該当者はパソッティ、マッジーニ、フォンデッリ、オットゥージ、ミラノだった。しかしアベトーネの登りへ向かうところで彼らは他のメンバーに追いつき、いつもの落伍常連選手以外は、ほとんど全員が揃った。その数少なくとも五〇人。

アベトーネは、ジロが通過するアペニン山脈越えの峠では一番高いのだが、この日は失望させられた。私たちは先行し、コッピかバルタリがアタックする瞬間を、首を捻って見ようとしたのだが、それはついに訪れず、私たちが峠の頂上に到着した時、クライマーたちの戦いは行われなかったとメモ帳に書かなければならなかった。ここでは何百もの車やバスから吐き出された群衆がいた。ジロ・ディ・イタリアが呼び寄せた最も密度の高い群衆だ。少なくとも二キロに渡って、私たちは観客の揺れ動く狭い廊下を抜けていく。完全に正気を失っているとしか思えないような人々もたくさんいる。「バルタリ、バルタリ」という叫び声が何万もの人々の喉からほとばしり出るが、しかしバルタリやコッピの代わりに山頂ポイントを先頭で越えていったのは、今回はパソッティで、バルタリとコッピは2位と3位に甘んじなければならない。他の選手たちはすべてほぼ同タイムで通過し、レオーニは二〇秒ほど遅れている。おそらく歴史的な山岳レースを、エースたちの心打つ戦いを、しかも憎むべきライバルに対してバルタリが可能な限り圧倒的に勝利することを夢見ていたであろう群衆にとっては、ちょっとガッカリだった。もちろん、これでは面白くないのは当たり前だった。

下りでも再びアタックして他の選手たちを引き離したのはパソッティだ。目眩がするほどのものすごいスピードで下っていくのが見える。用心深さのかけらもなく、おそらくは決定的な勝利を夢見て。しかし残念だが、この勇敢な若者の夢は長くは続かない。途中で彼を待っていたのはパンクだった。彼が地面に足をついた時、大粒の涙が二筋彼の頬を伝うのが見えた。彼こそ幸運が味方することのない者たちの一人、報われることのない勇気の化身なのだ。しかし今日は彼だけがパンクに見舞われたわけではない。他のたくさんの選手たちが彼のお仲間となっている。そこにはコッリエーリ、ドレイ、セラミ、ペドローニ、ミッシーネ、ミラノ、ジョモーの名前がある。しかし不幸はこれで終わったわけではない。というのも、すぐ後に一ダースの選手による集団落車が起き、バルタリ、ビアジオーニ、シェール、シモーニがそこに巻き込まれたのだ。バルタリが倒れるのを見た観衆たちの絶望が強く印象に残る。谷から谷へ、この悲報はトスカーナ中に伝わり、他の話題を口にするものは誰もいなかった。しかしそれにもかかわらず、大したことにはならなかった。全員がすぐに立ち上がり、走り続けたのだから。

ピストイアの町に入る直前で、ソルダーニが逃げた。彼は自分の町に凱旋しようとしたのだが、すぐに捕まった。彼のアタックは、故郷の町で地域限定の名声を高めるために行ったものに過ぎなかったからである。モンテカチーニの町に入るところではマッジーニ、アストルーア、フォンデッリが埃っぽい道で落車したが、ついに大集団が競馬場に入ってきて、すでに述べたようにレオーニがコッピのアタックからマリア・ローザを守った。長く美しいスプリントだった。感情が高ぶる緊迫感あるスプリントだった。それが終わるとバルタリが勝者のように称えられた。

今朝、九時四五分に私たちはジェノバへ向かって出発する。ジロはリヴィエラの心を奪う景色に足を踏み入れるのである。

19
地元リグリア海の空気が　ロッセッロ兄弟に翼を与える

ジェノバ、6月6日夜

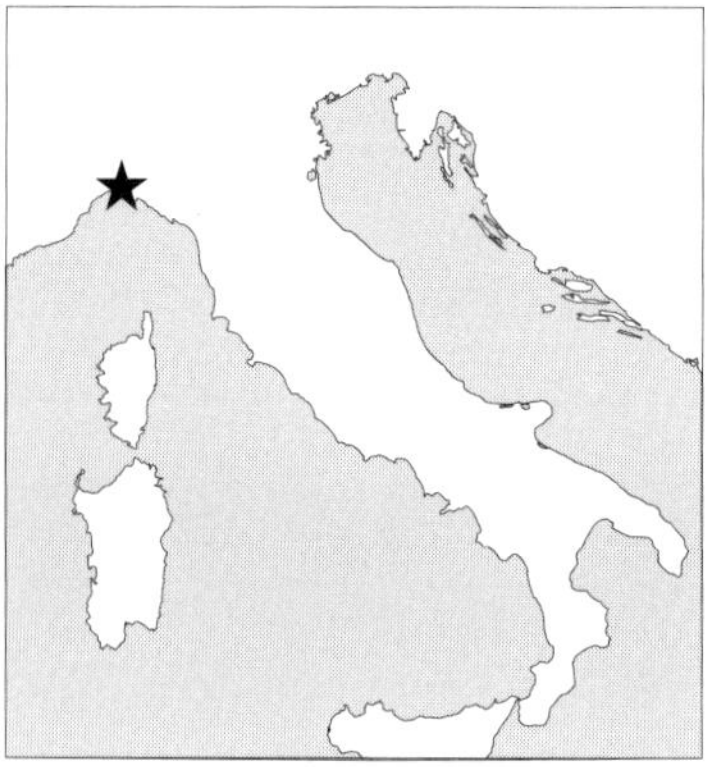

ここで第14ステージで最も注目すべき人々の名前を挙げておきたい――このステージは焼け付くような陽光の中での二二八キロ、海辺に沿って山あり谷ありでカーブが続いたが、道路ではなく、ほとんど途切れることなく波打つ人間の廊下のようだった（今日もまたエースたちは全力を出さなかったので、一四のステージのうち、ドロミテ山塊のステージただ一つだけが本当の戦いだったと言うこともできるだろう。これはカンピオニッシモたちがレースのどんなときにも自らの存在を誇示することを素朴に願っていた人たちにとっては、きっと嘆かわしいことだっただろうが、しかし新しく重大なライバルが現れない限り、これに対してお手上げ状態なのである）。そういうわけで彼らの名前だ。

それはサヴォナ［ゴールのジェノバの隣町］出身のヴィンチェンツォとヴィットリオのロッセッロ兄弟で

ある。彼らはジェノバに1位と3位でゴールし（2位はペドローニだった）、メイン集団には二分の差をつけた。地元の空気、それは繰り返し裏付けられていることだが、選手たちに途轍もない力を与えてくれるものだ。自分の故郷の町や村に近づき、街道の左右に地元の愛すべき訛りが聞こえ始めると、どんな駄馬でも、最後尾を走るアシスト《グレガリオ》選手でも、総合最下位の選手でも、みんなライオンになる。預言者郷里に容れられずという古い格言は自転車競技には当てはまらない。それどころか、故郷の人々に愛されたいと思うなら自転車選手になれば良い。成功するかどうかに関係なく、故郷の近隣一帯ではジラルデンゴ扱いされるだろう。そうした人気のおかげで翼が生えて、どんな小物選手でも数分間はコッピと張り合えるのだ。脚がなければ、少なくとも故郷の近くで逃げてみれば良い。そこでは電信柱やバルコニーから彼を褒め称える張り紙が下げられ、「大物」たちの名前に混じって彼の名前も、巨大な文字でアスファルトに書かれている。みんなすぐに彼だとわかる。ゼッケンを確認する必要もない。何日も前から指折り数えられたデートのようなものだ。母が待っている、薔薇の花でいっぱいの籠を持ったフィアンセが待っている、彼にＡＢＣを教えた老教師（こんな機会にしか着ることのない黒いスーツ姿だ）がいる、洗礼を施した神父もいる、初キスの相手の娘もいる、子どもの頃、初めて一緒にサイクリングした友達たちもいる（その時の自転車たるや、おんぼろで恐ろしく重く、サイズが大きすぎてペダルが届かないような代物だった）、地元のスポーツクラブ「サルス・エト・ロブール」のコーチ役で、最初の本格的なロードレーサーを買ってくれた会長もいる、スピード違反で罰金を取られたときの警官もいる、なんども袖にされた村一番の美人がいる、友人たち、ライバルたち、知らない人たち、村中の人がいる、恨みつらみは忘れて、みんなが彼の名前を叫んでいる。だが一〇キロ離れればもう彼のことを知る人はいない。このかわいそうな選手がへばって、夕方にはタイムリミット前にゴールしようと苦しもうが、それがなんだろう？　それはやり甲斐のないことなのか？　レオーニやバルタリの前を、凱旋するように単独で走ることは素晴らしいことではないのか？

逃げた選手は運が良ければタッパ・ヴォランテを獲得しようとするだろう。もっと運が良ければ――だが、そのためにはどうすればいいのかわきまえていなければならない――ステージ優勝が目標になる。私たちは南のシチリア島で、ファツィオがみんなを引き離してカターニャで勝利を挙げたのを見た。ヴェネツィアではベヴィラッカとデ・サンティが、エミーリアではトニーニが、昨日のピストイアの丘ではソルダーニが、それぞれ村に掲げられた幟《のぼり》の下で他の選手たちみんなを振り切っていったのを見た。今日はそれが感じの良いロッセッロ兄弟だった。実のところ、彼らは決して無名ではなく、なにかあると常に名前が出る選手だった。彼らはレッコへの下りでペドローニと一緒に全力でアタックし、後ろのエースたちとの差を二分あまりに広げた。ゴールシーンで、二人の若者がこれほど幸福そうなのを見たことはなかった。しかし、と誰かが意地悪く尋ねる、もしエースたちがその気になっていたら、彼らは簡単に捕まったのではないだろうか？　そこには寛大な容認というか、ある種の思いやりがあったのではないか？　たとえそうだとしても、と私たちは答える、それがなんだというのだ？　ロッセッロ兄弟はとても素晴らしいレースをした。故郷の人々は、彼らが先頭でゴールするのを見たとき、あやうくタガが外れるところだった。それ以上何を望むのだ？

　さらに、パヴィア出身の二十三歳のアルフレド・パソッティがブラッコ峠の山岳賞を獲得した（そして昨日はアベトーネ峠でもトップだった）。ひょっとしたら彼は最も優美な選手かもしれない。レオーニのような映画スターの美貌はないが、細身で、顔立ちは青年らしく繊細で、自転車に乗っている姿はとてもバランスが良く調和が取れていて魅力的だ。もう少し肉がつき、ひ弱さがなくなれば、多分もう十分に大カンピオーネだろう。変人のカソーラがタイムオーバーで失格になったため、今はパソッティがチームのキャプテンだ。ポルドイ峠の登りでは、コッピに最後まで食らいついていったのが彼だった。他の選手たちはずっと下の方でちぎれていったのに彼は耐えた。私たちは彼が耐えきれなくなる瞬間に彼を追い抜いた。蒼ざめた顔で、彼は私たちを見た。不当な目にあいながら、その運命に身を委ねる者の苦しみに満ちた表情で。そして直後に彼は振り落とされた。力を使い果たした時の古典的な実例だ。自らに過大な要求を課し、コッピについていくことだけに取り憑かれて食べるのを忘れた。ポルドイ峠は2位で通過したが、その後すぐ完全に崩壊した。昨日もまた私たちはアベトーネ峠の下りで、彼がトラブルに巻き込まれるのを見た。車はかなりのスピードで走っていたので気づかなかったのだが、突然一人の選手が狂ったようなスピードで私たちを追い抜いていった。ゼッケン86。パソッティだ。振り返っても誰も見えない。断崖の淵をアクロバットのようなバランスで、スキーの滑降選手のように集中していく。私たちの前方で、彼は軽やかにそしてエレガントに消えていった。車で彼についていくのは狂気の沙汰だっただろう。ところが次のコーナーを曲がると彼が再び見えた。自転車の横に立って、タイヤを変えるために前輪をもどかしそうに、文字通り「もぎ取って」いた。この日二度目のパンクだった。彼は交換ホイールをもらうためにチームカーを探して振り返った。しかしチームカーはいなかった。泥がかさぶたになった顔に一筋の涙の細い傷のような跡が見えた。

ファウストの弟で二十五歳のセルセ・コッピがキアーバリのタッパ・ヴォランテで3位に入った。つましいとはいえ、このジロで彼の名前が見出しになったのは初めてのことだった。むろんここで彼を発見したのは私だというつもりはない。多くの人が彼について語り、記事にしていた。彼を知らないものがいるだろうか？　偉大なカンピオーネの、他に類を見ない、ある意味感動的ですらある似姿の、同じ顔と同じ血と同じ名前を持つドッペルゲンガーの、競技の面ではほとんど皮肉な模造品と見られかねない彼のことを。彼らの模範的な兄弟愛を知らない者がいようか？　その関係は実力の違いによって損ねられることは決してなかった。セルセは兄の勝利を妬むどころか本人以上に喜んだし、ファウストの方でもセルセがいなくなると落ち着かなくなり、セルセが彼の後ろの落伍者集団で必死に頑張っているのを知ってようやく安心するのだった。専門家はセルセに才能が欠けているわけではない、しかし彼は、世界でも唯一人しかいない自転車の乗り方を知らない自転車選手で、そのフォームは変だ――それは初心者によく見るものだ――、カモやキリンやアコーディオンに比べたくなる、もし彼がペダルを踏む際にあれほどお尻を揺らさなくなれば、もっとずっと良くなるはずだ、とそんな風に言うのである。しかしそれを直す特効薬はなさそうだ。彼は兄とそっくりな顔をしているが、兄の持つ抜け目ない表情はなく、とても穏やかで素直そうな目をしている。しばしば彼はファウストと取り違えられるが、そういう時はその場に心理的な緊張感を生んだ。私は、ゴール地点で五十歳ぐらいの上品な紳士が彼に近づいて、しどろもどろな賞讃の言葉とともに大きなバラの花束を差し出すのを見たことがある。セルセは当惑気味に「おわかりになりませんか……」と言った。「おお、どうぞお受け取りください」と崇拝者は懇願する。そこでセルセは天使のようなもの悲しげな微笑みを浮かべて「おわかりになりませんか、私は弟です」と言った。

こんなにも違う二人の兄弟が同じ生き方をして、そのうち一方は自らの名声に無関心で、もう一方は自らの凡庸さと不運に無頓着なんて、センチメンタルコメディーのネタのように聞こえないだろうか？（セルセの不運について言えば、二年前のジロの際、テロントラで見舞われた酷い落車も、先日のパリ～ルーベでの、彼にとって唯一の大きな勝利が無効になった［この年の4月17日に行われたパリ～ルーベは、逃げていたアンドレ・マーエが競技場へのコースを間違えてゴールし、後から正規のコースでゴールしたセルセ・コッピとの間で半年以上優勝者が決まらなかった。結局両者が優勝という結果になるが、この時点ではまだそれが確定していなかった］ことも不運だった）。イタリアの自転車競技界で人々の関心をひきたければこれ以上の話題はない。しかし、これは本当に真実なのだろうか？　セルセはそれほど同情されるべき人間だったのだろうか？　どうも疑わしい。ひょっとしたら状況を逆に見るべきだとは言えないだろうか？　私はたくさんの小さな間接証拠に基づいて、びっくりするような真実を、ジロの最新の真実を見つけたと思っている。

　セルセは――この魅力的な仮説によれば――ファウストの幸運のお守りなのだ、彼の守護霊、彼の生きた護符、それがなければアラジンが永遠に乞食のままだった筈の魔法のランプのようなものなのだ。ひょっとしたらセルセの中に、兄の成功の秘密がすべて隠されていると言えないだろうか？　もしセルセが自転車競技をやめたら魔法は解けて、ファウストは突然ボロ雑巾のようにクタッとなってしまうかもしれない。つまり彼らはグルなのだ。一方がいなければもう一方も生きられないぐらい密につながっているのだ。実際は勝つのはセルセなのだ。彼がいなければファウストは何百回でもやめていたはずだからだ。賞讃に値するのはセルセなのだ。それがわかれば彼には十分なのだ。その際、決然として全力で戦うこと、最後尾の選手になり、ファウストと取り違えられ、自分のためではない花束を渡されても、この侮辱的な比較に耐えて怒らないことが、彼にとって役立つのである。さて、この仮説が作り話だというのは認めるが、彼にはそうした鷹揚さがあるのは確かだ。見るがよい、性格のよさそうな顔立ちと、何かを隠しているような、とても穏やかで大きな二つの目を［セルセは一九五一年にレース中の事故で亡くなっている。この年のコッピの成績が振るわなかったのは、これが原因だと言われている］。

　時系列に沿って最後に取り上げることになるが、このステージのもう一人の重要人物はジェノバの「機動隊」の警官である。それは特定できないが機動隊員で、彼の闖入によりジロで最も美しいステージの一つが嘆かわしいシーンで終わることになった。この警官は三十代の大柄な男で、ちょっと鳥のような非常に目立つ顔に、薄いモンゴル風の口髭を生やしていた。リド・ダルバロのゴールライン付近の秩序維持を任されて、ジープに乗った彼は、いつものようになんの混乱もなく車から降りてゴールライン付近に集まったジャーナリスト、チーム監督、レース審判員に対して、不可解な攻撃を行なった。私も現場にいて、この警官が（彼はジャーナリストたちをコース内への侵入者と見間違えた可能性はある）吠えながら黒いゴムの警棒を振り回し、近くにいた人の頭に打ち下ろしたのを唖然としながら見ていた。ちょうど審判席の下にレースディレクターのジュゼッペ・アンブロジーニが立っていた。警官は彼に対しても警棒で額の真ん中を強く叩いたので傷になった。ジープがゆっくりと走って行く間に、他の者も叩かれた。様々な仲間がこのようにして叩かれ、そのなかには私たちの同僚のチロ・ヴァッレッティとグィド・ジアルディーニもいた。特にジアルディーニは時計までなくした。個人的な情熱で、夢中になってやり過ぎてしまったのだろうか？　それともこの警官は、精神的になにか問題があったのだろうか？　慌ててすぐに登場した警察署長は、ジロの関係者一同の激怒を前に釈明に追われた。市長も直後にジロを主催するガゼッタ・デッロ・スポルトの編集長エミリオ・デ・マルティノに手紙を書き、この事件に対するジェノバの市民およびスポーツファンすべての遺憾の意を表明した。

ジェノバは、祭りを祝うような大群衆とともに、ジロを待ち受けていたのだった。圧倒的な風景と大群衆の、陽光溢れる一日だった。そしてそれは馬鹿げた事件で終わった。

20

小さなパソッティは一人が長すぎた

サンレモ、6月7日夜

今日は海、花（ナデシコやバラが庭園の欄干から雨のように降り注いだ）、踏切（ペーリからサヴォナまで、すべての踏切が厄介なローカル列車で時間通りに遮断され、選手たちは遮断機の下をくぐり抜けることができたが、車はそうはいかなかったので、恐怖の追走が始まった。しかしジロの慈悲深い神様が上空から守ってくださって事なきを得た）、そしてリュウゼツランやエニシダや、名前を知らないたくさんの美しい観葉植物。加えて、いつものようにたくさんの観衆。しかし今回はタイプが違う。いわば休暇気分の人々なのだ。のんびりした生活に慣れて、きっと一〇時前には起きなかったに違いない。水着姿の半裸の日焼けした少女や、新しいユニフォームのプール監視員、療養中のパジャマ姿の人、麻布の白い帽子をかぶった臨海学校の子供たち。そしてここにもあそこにも、私たちを嫌悪の眼差しで見るスカンジナヴィアの女性詩人の姿が。コゴレートではアントニオ・ブエッリ

氏のブラスバンドが演奏してくれた。

ジロが来る時にはいつでも、コゴレートのブラスバンドがちょっとした凱旋行進曲を演奏してくれるのだ。

コゴレートのブラスバンドは自転車競技の一種の神聖な記念碑なのだ。楽器を見てみよう。それぞれの楽器にには「ジロ・ディ・イタリア1919」、「ジロ・ディ・ロンバルディア1921」、「ミラノ～サンレモ1922」などと銘が打たれた真鍮のプレートが付いている。そしてそれぞれの楽器が、響きとともに言葉も発し、夜を徹して物語ることができた。今、アントニオ・ブエッツリはレストランを経営していて、それに不満はない。しかし――ここで私たちは過去の深い深淵へ降りていかなければならない、つまりジラルデンゴの神話の時代へ――かつてブエッツリは自転車選手として日銭を稼いでいた。情熱だけはたっぷりあったが、脚力は絶望的なレベルだった。三〇年前のマラブロッカだと思えば良い。だが、総合最下位で有名になったマラブロッカのような悪名は得られなかった（今、カロッツロがほぼ挽回不可能な、むろんネガティブな意味でのリードを保って、彼からタイトルを奪い、もうこれを手放すまいと固く決意している。黒いシャツ《マリア・ネラ》は――公式にはマリア・ネラそのものは存在しないのだが――知名度を上げるだけでなく、太っ腹なスポンサーのおかげで毎日千リラが保証されているからだ）。しかしあの頃、最下位には狙う価値などなかった。誰もそんなものに興味を持たなかったし、ほとんど常に後ろの方を走っていたブエッツリが、それによって有名になることもなかった。

　ブエッリは自分が自転車レースに向いていないことを自ら認め、秘密にしていた二番目の情熱に乗り換えることにした。音楽である。彼はレースには出続けてエースの埃をかぶることに甘んじたが、もはや勝利を願うことはなかった。今や、故郷のコゴレートで楽団を創設することが彼の人生の目標になった。さらに一所懸命ペダルを踏みながら、――時には彼も突発的な逃げ《フーガ》グループに入ったり、カンピオーネたちのお目こぼしで、村々でのちょっとしたタッパ・ヴォランテ《中間スプリント》に加わることもあった――この音楽ファンはつましく貯金していった。こうしてレースを続け、あくせくと汗をかきながら、ある日彼は大記念碑のための礎石を置くことに成功した。太鼓を購入したのである。ここへ向かう次のレース、選手たちは（無論彼自身もそこにいた）コゴレートで熱狂的な太鼓の連打に迎えられた。それはサーカスで決死の三回宙返りをする空中ブランコの開始を告げるようだった。観客の壁の前で、ブエッリが徹底的に鍛えた男がモールのついた帽子をかぶって立っていた。そして彼はロバ皮の太鼓を名人芸のリズムで叩きまくった。これが偉大なブラスオーケストラの誕生の瞬間だった。

　実直なブエッリはレースに出続けた。常にその第二の大目標を見据えて。ある年のジロ・ディ・イタリア出場のおかげで最初のコルネットが、そして一連のトラック競技参戦のおかげで最初のトランペットが手に入った。こうして年月が過ぎ、脚の方が、といっても元々大したものではなかったのは言うまでもないが、その脚がいよいよキツくなってきた。今は六、七人の音楽家たちがコゴレートでキャラバンを待つようになっていた。あの最初の太鼓と比べれば、音量に関しては圧倒的な楽団になった。しかしまだ、ブエッツリが思い描いたような本当の、完全な楽団ではなかった。

彼は夢の実現に向けて汗を流し、倹約し続けた。そしてある日、アントニオ・ブエッツリ自身がじきじきに、街道でジロの選手たちの前に姿を現した。金モールの帽子をかぶり、指揮棒を手に、ブラスオーケストラと呼ぶに相応しいあらゆる楽器を携えた全部で一六人の音楽家たちを指揮しながら。マエストロは右腕を宙に高く上げ、高圧的な身振りで始まりの合図をすると、トランペットが高らかに鳴り響いた。彼は幸せだっただろうか？　もちろんだ。大計画が成就したのだ。コゴレートに周辺の村々が妬むような本物のブラスオーケストラができたのだ。それは完全に彼一人のおかげだった。彼は無駄に生きてきたわけではなかった。しかし同時に、費やされた年月を数え上げ、鏡面のように磨き上げられたトロンボーンに疲れた顔が写っているのを見て、自分の自転車のことを考えた。それは物置で埃をかぶり、タイヤはペチャンコにひしゃげているが、かつてのカンピオーネたちが彼にかけた声を聞いていたのだ。今、カンピオーネたちは若さに駆り立てられるように、大通りをトップスピードで飛んで行った。そして彼はといえば、四つの壁に囲まれたコゴレートの街に留まらなければならなかった、今後もずっといつまでも。

今日もブエッツリは感傷的な再会の約束を守るため、堂々たる楽団とともに所定の位置に立った。実際に彼のことを知っている選手は少数だ。ほとんど誰も彼に挨拶しなかった。だが自転車競技の英雄たちの物語がこれほど満ち満ちている音楽は、そう聴けるものではない。黄金時代がその中に響き渡っていた。競技場での激しいダッシュ、アルプスの喘ぎ苦しむ登坂路、ガンナ［ジロ・ディ・イタリア初代総合優勝者］やガレッティ［第2、3回ジロ・ディ・イタリア総合優勝者］の伝説的な逃げ《フーガ》、拍手喝采のどよめくスタジアム、思い出とノスタルジー、そして同時にほぼあり得ない勝利の予感。ヴェテランたちは幻想というものにとっくに懐疑的になり、耳を塞いでいてまったく聴いていなかった。しかし若者たちにはこの音楽は心に届いた。彼らは耳をそばだて、運命に呼ばれていることを突然確信した。

　この音楽は何よりも小柄なパソッティの心を熱くした。昨日やっと私たちは、ブラッコ峠の山岳賞の話の中で、この優雅な選手について話題にした。彼は大きな野望を抱き、山岳で最も強い選手の一人であることを証明した。音楽が彼の中に、今日のコースで行われた名高い逃げ《フーガ》の思い出を呼び覚ましたのだろうか？　彼はカポ・メレ、カポ・セルヴォ、カポ・ベルタの短いアップダウンコースで、コッピが行なったセンセーショナルな逃げ《フーガ》を再現しようと思ったのだろうか？　彼はアラッシオを過ぎて登りが始まるや――いくらなんでも早すぎだ！――まったくの単独でアタックしたのだ。後続を引き離し、鷹のようにアンドラへ向かって駆け下り、カポ・セルヴォの広いカーブを駆け登り、カポ・ベルタにも先頭で到着した。だが、それから平地の二〇キロが続いた。彼の小さな肺はそれがどんなに高性能でも、彼の背後に迫る四〇以上の肺のようには働かなかった。彼が相変わらず一人で逃げ続けている時、私たちはその場を離れ、みんなが彼を待っているサンレモのゴール地点へ急いだ。

それにもかかわらず、見えたのは小さな集団だった。八人だ。スプリントになり、パソッティは5位に終わった。勝利がほぼ微笑みかけた（彼の内ではきっと老いた元選手の心地よいトランペットの響きが鳴っていたのだろう）と思われたそのとき、恐ろしい勢いで追いつかれてしまったのだ。無念。だが、彼はよく戦った。報われても良かったのに。しかし男たちは狼だ。

21

老選手の嘆きの歌

サンレモ、6月8日夜

自転車には車輪が二つある。一つは方向を定め、もう一つが駆動する。一つは頭に従ってこっちへ行くかあっちにするかを決め、もう一つは脚に従う。触った奴が「材木みたいだ！」と思うような俺たちプロの脚。そしてそれぞれの脚のためにペダルがある。

ペダル、それは互い違いだ。それは決して一つになって満ち足りることはない。一方が上になれば相方は下になり、それぞれ、相手がすることをまね、常に追いかけっこをしながら決して相手に追いつくことはない、決して。しかしそれが嫌だという奴がいるだろうか？片方が上になると俺たちはそれを下へ踏み下ろし、そうしてもう片方が上になる。そうならなければ不公平だろう。ペダルはチェーンリングを動かし、チェーンリングはチェーンを動かし、チェーンはスプロケットを、スプロケットはホイールを、そしてホイールは俺たちを

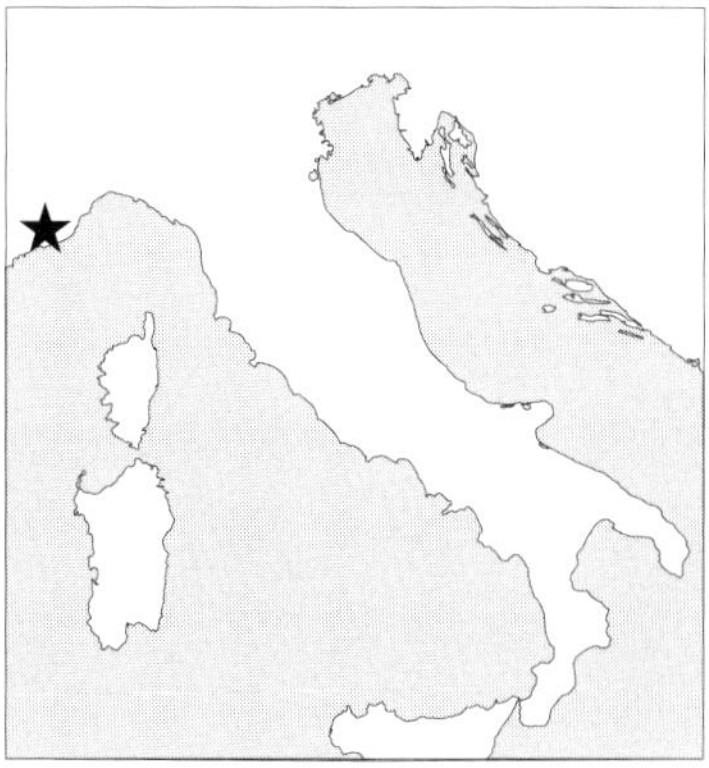

乗せて前へ進んでいく。

決定的なのは脚だ。固く瘤だらけの脚をしている奴がいると思えば、長くほっそりとしたダンサーのような脚の奴もいる。豚のような太ももの奴もいれば、鶴のような太ももの奴もいる。しかし、それらはみんな素晴らしく、強く、ふてぶてしく、従順だ。俺たちの可哀想な脚！　悲惨で、奴隷のようで、傷だらけで、危険で、哀れっぽく、疲れて、俗に人生と呼ばれるこの小さな機械を駆り立てる。

勉強する奴がいる、畑を耕す奴、服を作る奴、また料理する奴や電車を作る奴、運動靴を作る奴、病人を治療する奴、死者を埋葬する奴、子供たちに教える奴やミサを捧げる奴もいる。俺たちはそんなことは何もしない。俺たちは作らないし耕さない。俺たちは自分の脚を動かす。それがすべてだ。それ以外は何もしない、まったく何もしない。

俺たちにはマリアが与えられる、奇妙な色で背中にゼッケンがついたマリア《シャツ》だ。俺たちの名前は新聞に載る。金ももらう。しかしいつまでだ？　俺たちは花を投げられ、愛され、抱きつかれ、サインをせがまれる。しかしいつまでだ？　皆様方《シニョーリ》、それは俺の足がもう嫌だと言う日までだ。もう十分だ、もうペダルを踏むのも回すのもごめんだ、そう脚が言う日が来るだろう。そうしたら俺たちも、もうマリアもゼッケンもなしで、5月、6月は我が家の玄関にでも坐って、他の奴らの脚がペダルを踏んで走り過ぎるのを見ることだろう。しかしそれはもう俺たちの脚ではない。俺たちの脚は今、地主や薬剤師、教師や帽子屋や配管工、つまり普通の感覚を備えた人々の脚のようにしっかりと大地を踏みしめている。そして俺たちはこう言うだろう、俺たちの苦役も埃まみれも苦痛もおしまいだ（神様に感謝！）、ハハハ、下痢ももうしない。クソったれな奴隷生活ともおさらばだ！　だけど神様、ありゃぁなんて素敵だったんだろう。

覚えてるかい？　八時半ちょうどに審判が白い小旗を振り下ろし、俺たちはみんな一斉に走り出したものさ。爽やかで素晴らしい日だった。みんなが俺たちに挨拶してくれたが、それは別れの挨拶ではなかった。すぐにヴェネツィア出身のグィド・デ・サンティが逃げ《フーガ》を試みた。俺たちも全力を出した。狂ったようなハイスピード（ギアは51×15だ）で、もう山も屋敷も森も宿屋も、笑いながら俺たちの惨めな名前を叫ぶ赤い口も見えなかった。やっと俺たちの前にご同輩の背中が見えた。補給食をはちきれんばかりに詰めているそいつの赤いマリア。アスファルトの砂利粒は長く引き伸ばされ、目眩がするような縞模様になった。俺たちは交互に先頭交代した。それから、どうしてだかわからないが、突然俺たちだけになっていたんだ、覚えてるだろう？　拍手と歓声と村の真ん中にあるポイント賞のゴールライン、そして二万五千リラの賞金。昼で暑かった。わずかばかりの影を作る樹木もなかった。でもいい時代だったよな、そうだろ？

一九四九年！　なんて辛い一九日間。一番深いところで何かが打ち砕かれたような気持ちになった瞬間もあった。

しかしもうパンクともおさらばの日が来るだろう。疲労困憊もチームの規律も、早起きも道路脇の排水溝に転落することも、ペナルティ、失格、尊敬措くあたわざる審判団の不公平裁定も、もうおしまいだ。ただ我が家の玄関先の快適な椅子だけが俺を待っているんだ。そこに紳士然として腰を下ろし、他の奴らが血反吐を吐くのを見ていればいい、ついにそうなったんだ。なんという満ち足りた気分だ、そう思わないか？

ああ、でも俺たちがこんなことを本気で言っていると思うかい？　俺たちが玄関の前のボロ椅子に腰掛けて、その上で少しずつ歳とってくたばるのを願っているなんて？　街道は俺たちの苦痛の種だけど、俺たちの日々のパンでもあるし、夜になって誰もいなくなり、月がアスファルトに反射するときには、俺たち自転車乗りのへんちくりんな夢がそこをさまよい歩くんだ。

ジロは徒刑囚の苦役みたいなもんだ。だが大冒険でもある。王様達のゲームだ、戦争だ、田舎への遠出やテストやばか騒ぎ、つまり青春を思い出させてくれるものだ。だから俺は尋ねたい、おまえら選手たちに。もし誰かが何百万もの金の詰まった財布を出し、「ここに金がある、やるから取っておけ、だが今からは家で過ごせ、泥や疲労とはおさらばしろ」と言ったら、答えは？　椅子に坐って朽ちていくために白旗を上げるかい？　哀れな友よ、老いた徒刑囚よ、次の契約と報酬のことばかり気にしているくせに、素晴らしいスプリントのためなら魂だって悪魔に売りかねない、そうだろう？　金を払って見にきてくれるたくさんの観客の前で、他の奴らを負かしたいと願う単純なおまえらはそれを受け容れるだろうか？　さあ、勇気があるなら答えてみろ、おまえらが持っている最良のものを紙くずみたいに売っ払うのは恐ろしいことではないか？

午後三時、山で、それも頂上は凍っている本当の山だ、そこで俺たちの目には涙が浮かび、ホームシックにかかった。まさにその岩山の麓に来た時、戦いのラッパが吹き鳴らされた。コッピが前線の広範囲に向けた一斉射撃で火蓋を切った。一人、また一人と俺たちは汗の塹壕に倒れ落ちた。だけどジノ・バルタリが体を震わせながら再び立ち上がるのが見えた。でかいサーベルを振り回しながら、長年守り続けた王冠を奪われまいとして。人々が叫んでいた。お前は最高だ！

周りでは娘たちが俺たちを見ていた。叫び声をあげ、拍手し、跳ね回って。普段の生活では大して目立たないけど、今日、俺たちを歓迎してくれる君たちは美しい、本当に美しい、それぞれみんな、なんて可愛いんだ、まるで身も心も差し出してるみたいじゃないか、こんなことを言ってごめんね。でも、俺たちは止まるわけにはいかないんだ。止まったら君たちはもう笑ってくれないだろう？　突然よそよそしくなるだろうね。

俺たちがどこへ行こうと、そこはお祭りだ。村祭り、リクレーション、楽しい生活。そこに奴らがやってくる。誰が先頭だ？　ジノ万歳！　みんな万歳！　いつも日曜日だ、勝利だ、表彰式だ、トーナメントだ、パレードだ、聖体行列だ。みんな楽しげで幸せでたくさん食べている。イタリアが俺たちの競技場だ。その中心に俺たちがいて、走りまわり、俺たちのまわりには四、五〇〇万の立派な住民たちがいる。そしてこれからもっと増えていくだろう。

　俺たちが深呼吸して、ちょっとおしゃべりをしていたまさにその時、マリオ・ヴィチーニが路肩でもんどり打って倒れた。しかし止まるわけにはいかない。すると稲光と雷鳴が轟き、霰と雨が降り注ぎ、冷え込み始めた。しかし、俺たちはどうあっても止まるわけにはいかない。ボトルが空になり、補給食もなくなり、「薬《ヤク》」も尽きた。角砂糖の一欠片すら残っていなかった。まさにそんな瞬間にゼッケン36と15と86が素晴らしい逃げ《フーガ》を開始した。俺たちは自問した、なぜ俺たちはこんなことをしているんだろう？

　こんなことをしているのは希望のためだ。それじゃあ不足か？　我が家のラジオの前で待っている母ちゃん《マンマ》のためだ、老人ホームのばあちゃん《ノンナ》のためだ、俺たちのカミさん《モーリエ》の靴のためだ、子供たち《バンビーニ》の肝油のためだ。

　前へ、前へ、だけどいつまで続くんだ？　レースディレクター様、俺たちはしかるべき手順を踏んで、謹んで文句を言わせてもらいたい。何に対して？　息切れによる不当なダメージ、山がキツすぎて言うことを聞かなくなった、毛むくじゃらでボロボロで疲れ切ってストを起こした足、生命と言う名のマシーンが走ろうとしないってことに対して。だから、延長をお願いしたい、さらに一二ヶ月の猶予を。もう一度のジロを。わかってもらえただろうか？

スタートの審判はその白い小旗を振り下ろすだろう。すっかり回復した俺たちは走り出すだろう。老いも若きも穏やかに一つになるだろう。俺たちは燃えるようなマリアのおかげで花束のように見えるだろう。少なくとも最初の区間を俺たちはみんなで走るだろう、まるで俺たちみんなが同じように若いかのように。そしてそれから、なるようになるだろう。

22　本日のイゾアール峠に関する最高裁判決

クネオ、6月9日夜

　満員の地方劇場にいると思ってみよう。巨匠アルトゥーロ・トスカニーニのコンサートが始まるのだ。開演一時間前にはすでに満席だ。紳士淑女が最大限の優雅さを競っている。人々はあらゆる地域からこのためにやってきたのだ。ワクワクドキドキしながら。記憶にある限りこの街でこのような出来事はなかった。そして一月前から話題はこのことばかりだった。オーケストラはすでに全員揃っている。ざわつく声、静かにチューニングする楽器の不協和音。ちょうど九時になる。ホールは暗くなる。聴衆は息を止める。あそこだ！　燕尾服姿が脇の扉口に現れる。決然とした歩みで指揮台に達する。割れんばかりの拍手が沸き起こる。彼だ！　トスカニーニだ！　しかしなぜ髪の毛が黒いんだ？　あれは彼ではない！　別人だ。ホールにお知らせが流れる。アクシデントによりトスカニーニは来ることができなくなり、代わりに、非常に評判の良い若いマエストロが指揮する。割れんばかり

の拍手は一瞬中断する。聴衆は当惑気味に顔を見合わせ――それから、礼を失しないようにこの才能ある若者に再び拍手が起こる、何と言っても彼のせいではないのだから。しかしみんな冷や水を浴びせられたようだ。

この日の午後、クネオの街に入る街道やゴール地点に集まった群衆の気分はこのホールの聴衆のごとくだった。先頭集団が姿を現し、大歓声に迎えられた。何千人もの人々が挙げる歓声からは、いつもの二人の名前が混じっているのが聞き取れた。「バルタリ！　コッピ！」しかしそこにバルタリはいなかった。そしてコッピも。コッピの弟セルセなら有能で優れた若手選手たちからなる先頭集団一二人の中にいた。そしてゴールスプリントの勝者コンテがすべての拍手を受けることになった。しかし彼はトスカニーニではなかった。

ジロが始まって以来三つのステージを除いて、憂鬱になるほど規則正しく繰り返される人々のこうした失望感を、なぜレポーターたちは書いてはならなかったのだろう？　地元のマリオ・ファッツィオが勝ったカターニャでは幸いなことに失望はなかった。コッピがスプリントで勝ったサレルノもそうだった。そしてもちろんドロミテ山塊の決闘が終了したボルツァーノでも。しかしその他の一三の都市では、思いやりの気持ちから口にされることはないが、人々には不満が残った。ご存知の通り心の動きは理屈ではない。そしてスポーツを愛する者たちの気質は、冷静な論理が彼らの願いの不合理さを指摘しても聞く耳など持たない。だが大切なのは総合リーダーになることだ。すべてを決定するステージにさえ勝てば、他の戦いすべてに破れたとしても心は穏やかでいられる。決定的なステージは二つだ。総合争いを吹っ飛ばし、二人の大物選手の間に明確な差をつけたドロミテのステージと、明日のアルプスのステージである。だが、これがファン《ティフォジ》を納得させてくれれば良いが。贔屓の二人が遅れた集団の中で淡々とゴールするのが見えると、彼ら《ティフォジ》はどんなにかがっかりした顔を見せることか。それでも彼らの盲目的な愛情が揺らぐことはないが、裏切られたような気分にはなるのだ。

第1ステージで、選手たちが険しいコントラスト峠に殺到した時、「目利き」たちは上から目線で言ったものだった「こんなの朝飯前だよ。ヴィラ・サン・ジョヴァンニからコゼンツァへのステージ［第3ステージ］を待ってろよ。あれこそ本当の試練だ。あのステージは少なくとも三分の一がリタイアするぞ」。選手たちはヴィラ・サン・ジョヴァンニでスタートし、カラブリアの山々の体力をすり減らすアップダウンを戦い抜いた。するとこの事情通たちは嘯いた。「確かにきついステージだったが、重要度はそれほどではない。やっぱりドロミテだ、うん、ドロミテ。あそこは選手たちも血反吐を吐くぞ。あそこですべては決する。ワーテルローになるぞ」

私たちはイタリア半島を北上し、ドロミテに到着、ロッレ峠、ポルドイ峠、カンポロンゴ峠、ガルデナ峠をよじ上った。「目利き」たちはメフィストフェーレスみたいな笑みを浮かべて私たちを見た「期待を裏切らぬ素晴らしいステージだ。しかしまだだ。フレンチアルプスに比べたら散歩みたいなものだ。見てろよ、イゾアール峠を。あの峠を見なければ話にならんよ」。こうしてステージごとに翌日を待つことがどんどん悪夢になっていく。今日のステージは間奏曲《インテルメッツォ》のようになんということもなく過ぎていった——いや、絶対に必要なステージだったのは間違いない。山の麓まで誘導するステージだったのだから。とはいえ、結局は余分なステージだった。仮に選手たちがサンレモからクネオへの道を自転車ではなく電車かバスで行ったとしても、競技としては、結果的に同じだっただろう。サン・バルトロメオ峠もナヴァ峠もカンピオーネたちを本気にさせるためには不十分だったし、クネオの町の入り口まで、彼らのファミリーは全員無事だった。ただし、そこからは若き反逆者たちがいつものアタックをしたのだが。

かくして明日、ジロでもっとも重要な区間でバルタリ事件の控訴審手続きが行われる。このカンピオニッシモに対する敬意は、ドロミテでの敗北以来この何日か、それがどれほど奇妙に思われようとも、いやましに高まっていた。裁判手続きの比喩はぴったりだった。無罪ではなく有罪の判決は被告人の人気を高めるものである。敗れたものは勝者よりもずっと悲壮感がある。だが、もしバルタリが失った王笏を取り返すことになれば、明日の晩はイタリア半島全土がこれまで経験したことのないような熱狂の爆発で揺り動かされるに違いない。しかしこれは最後のチャンスなのだ。この男が信じられないほどエネルギーを蓄えていて、逆境によってもくじけることがなかったとしても、明日のステージは彼の最後のチャンスだと思われていた。しかし、何百万のイタリア人たちは頑固に彼を無敵だと信じ、それは感動的なほどであった。ドロミテが終わった後でも、自らにこう言い聞かせるのだった。「もちろん、バルタリにはウオームアップが必要だ。ポルドイ峠ではまだ機が熟してなかったのさ。アルプスでは本当の彼を見るだろう」

私たちはそれを見るだろう。溢れんばかりのお祝いと祈りがいつまでも彼につきまとう。しかし気をつけろ！　彼が明日二回目でも負けたら、もう修復不可能になりかねないのだ。大衆の人気など気まぐれなもの、失望が続けばどれほど強固な信念でも衰弱する。バルタリよ、気をつけろ。観衆はすでに裁判所の前で列をなしている。高名な弁護士たちはすでに厳粛な法廷用の長上着を着用し、彼らの圧倒的な弁論は最後の句点まで書き終えられている。裁判官たちは、というのはつまり山のことだが、謎めいた沈黙を守り、その威容だけでも人を怯えさせるのだった。最終審判。先のドロミテステージのコースプロフィールを見ると、恐ろしいほどの山頂の連続で、マラリア患者の熱のグラフのようだった。全部で三、九〇〇メートルの登り、三、八〇〇メートルの下り。峠越えは四つ。だが、明日のコースのプロフイールはさらに強烈で恐ろしい。越えなければならない峠は五つ。マッダレーナ峠、ヴァール峠、イゾアール峠、モンジュネーヴル峠、そしてセストリエール。全部で四、七〇〇メートルの登りと五、〇〇〇メートルの下りだ。本能的に登山の比喩に誘われよう。モンテ・チヴェッタの北壁は恐ろしい、クラシカルな基準で第六グレードだ。しかしもっと恐怖を起こさせるのは緑色の氷に覆われたアイガー北壁だ。

今日、ナヴァ峠で選手たちが通過した後、一人のバルタリファン《バルタリアーニ》が敵対する相手とやり合っていた。「だが、お前、見たのか？　明日にさらに一万リラを賭けるか？　ほれ、そんな気もないくせに！　お前は彼がコッピに睨みを利かせていたのを見てないだろ！　彼は最後の三〇〇メートルを後ろを見ながら走っていたぜ。コッピがスピードを上げた時、彼はどうした？　表情も変えなかった。間違いない！　二、三回ペダルを強く踏むと再び前に出た。そして再び後ろを振り返ったんだ……猫みたいに、そう、ネズミを弄ぶ猫みたいにな！　なに笑ってるんだ？　さらに二万リラだ、ほら、さらに二万リラ、俺はコッピが明日へたばるのに賭けるぜ！」

23　アルプスでバルタリは強すぎるコッピに破れる

ピネローロ、6月10日夜

今日、イゾアール峠の恐ろしい登り坂で、精神的肉体的苦痛で口元を歪め、完全に一人ぼっちで怒り狂ったようにペダルを踏みつける泥だらけのバルタリの姿が見えた時――コッピはしばらく前に通過し、この時すでに最後の峠の登りに差し掛かっていた――私の中に三〇年たっても決して忘れたことのない感情が湧き上がった。三〇年前、それはヘクトールがアキレウスに殺される物語を読んだ時だ。こんな比喩は大げさすぎるだろうか、荘厳すぎるだろうか？　しかし、もし私たちの記憶に残された断片が私たち自身のちっぽけな人生の一部にならないのだとしたら、いわゆる古典の研究などなんの役に立つのだろう？　多分ファウスト・コッピにはアキレウスの氷のような残虐性はなかっただろう。むしろ逆で、二人のカンピオーネのうちでは、彼のほうが友好的だし好感が持てる人間だった。しかしバルタリには、不機嫌で変わり者じみたものがあるとはいえ、そして無心であるとは

いえ、ヘクトールのドラマが、神々に立ち向かい破れた男のドラマがあった。女神アテーネー自身に対して戦いを挑んだトロイアの英雄に敗北は不可避であった。超人的な力に対して、つまり時間という不吉な力に対して戦いを挑んだバルタリに、敗北は不可避だったのだ。心臓は完全に問題ない。筋肉もまったく損なわれていない。精神は全盛時代と同様しっかりしている。しかし時間が彼の中で作動したのだ。気付かれないうちに、少しずつその素晴らしい内臓を蝕んでいたのだ、医者も医療機器も変化に気づかないほどに。彼はもはや同じ彼ではない。そして今日、彼は二度目の敗北を喫した。

このステージは、――こんなに恐ろしいレースは初めてだと専門家たちのうちで最もベテランの者たちも語っている――この人食いステージは暗い谷で、雨、雲、低く垂れ込めた霧、不快な気候、憂鬱な雰囲気を伴って始まった。レインジャケットに包まれ、敵意ある天候から身を守ろうとするかのように密集して、選手たちはやる気のないカタツムリのようにストゥーラ渓谷を登りだした。不思議なことに季節は秋になっていた。道路は人通りがない。ひょっとしたら私たちは集落にも人にも出会わないのかもしれない。キャラバン隊は夜遅くには岩と氷の荒れ野で力尽き、私たちのうち誰一人として、もう愛する者の愛《いと》しい声を聞けなくなるのかもしれない。そんな気分だった。ただ、時々霧のカーテンが開くことがあり、遠くの黒い頂《いただき》が見えることもあった。しかし雲間を抜ける白い明るさが、地上のどこかでは太陽が照っているのだということを思い出させた。

虐待されたカタツムリの憂鬱な一群は、アルジェンテーラの集落の上方まで来た時にやっと暗い雨を逃れられた。そこはかなり上ったところで、下では谷が息づいていた。私たちは先行してマッダレーナ峠の張り出しから、ジグザグに谷底へ消えて行く濡れた道路を見下ろした。太陽が出た！　幸運な偶然によって、私たちは決定的なシーンの証人になった、国中を賑わす疑問や議論や論争をすべて黙らせるこの戦《ジロ》いで、最も重要な合戦の証人に。山々の威容の中で見失われたこのほんの小さなシーンに、残りのすべてが掛かっていた、つまり、ある若者の勝利と、もう若くはないもう一人の男の当然訪れる黄昏が。何十万というイタリア人が、私たちが見たものを見るために私たちがいたところにいられるのなら一体いくら支払ったことだろう。何年間も、――それは間違いない――私たちはこの出来事について、そもそもそれ自体では特別ではないこの出来事について、つまり旅の道連れと別れて先行する、自転車に乗った一人の男について繰り返し話すだろう。だが、道路沿いで、この瞬間に抗い難く通り過ぎていったのは、笑わないでいただきたいが、古代の人々が運命と名付けたものだった（父神《ゼウス》は黄金の秤を拡げ、永く悲嘆を呼ぶ死の運命を二つ――一つはアキレウスの、一つは馬を馴らすヘクトルの――それに載せ［ホメーロス「イーリアス」松平千秋訳ルビは引用者による］）。

選手たちは下の急勾配にいて、この垂直に見下ろす地点からは、まるで小さな色とりどりの虫がゆっくりと、本当にゆっくりと進むように見えた。この集団に突然あちらこちらで光のような動きがあった。ついに目覚めたのか？　突然一人が、小さなオレンジ色のシミのような一人が他の選手たちから離れ、素早く小さなリードを奪った（これはプリモ・ヴォルピだった。すぐに色で大物の誰かではないことはわかった）。しかしすぐに別の人影が、白と《ビアンコ・エ・》青《ブル》の一人が集団の脇をするりと抜けて、背中を丸め、前方へ飛び出し、あっという間にオレンジのマリアを捕まえた。それは私たちから少なくとも五〇〇メートルは離れていた。「おお、あれはコッピだ、コッピだ！　見ろ、これこそ彼のやり方だ」と人々は叫んだ。実際それは彼だった。勾配を考えれば感動的な速さで、彼は三、四回のスイッチバックを飛ぶように登り、小さなオレンジ色のシミを引っ張っていった。だが、あっという間に彼は一人になった。

眠気を誘うような集団の揺れは終わった。コッピを追ってさらに二人がスピードを上げ、後続を引き離した。それからさらに二人。だがバルタリは？　我らが偉大な男は動かなかったのか？　いや、集団の真ん中から出ようとしている彼が見えた。右側へ位置を移し、激しく踏み込んだ。しかし奇妙なことに、確信を持って行動しているようには見えなかった。それを信じていないような、この行動すべてが本気ではない「はったり」にすぎないような感じなのだ。それから私たちは再び車に乗り込み、落ち着きのない雨雲と不安定な陽光の間をマッダレーナ峠へ登っていき、選手の姿は見えなくなった。

ピネローロへの道程で私たちが再会した選手は二人だけだった。逃げている選手と追走する選手、つまり歯を食いしばって自らの王国のために戦う二人の最も偉大な英雄だ。他の選手たちは後方にいて、どんどん引き離され、渓谷と絶壁に隔てられ、互いに激しく戦いながらも、とっくに忘れられている。すべてが二人の孤独な男の戦いに、まさにその点に集中していた。緊張感で胸が締め付けられた。マッダレーナ峠の油断できない道を越え、目眩がするような下り坂を終えた暗い谷で、私たちはフランスの憲兵たちに出会った。彼らはまるで私たちを迎えに来たように交差点という交差点に立っていた。そしてイタリア語とは違う響きのこだまが聞こえ、街道が相変わらず岩だらけの急勾配で、無慈悲にヴァール峠へ登っていくのが見えた。他の山々も見えてきたが、どれも憂鬱で荒々しかった（少しの間だけ背後に紫色の氷の恐ろしい巨大な柱のような岩石が現れた）。どうして人々が、ドロミテステージなど今日のステージに比べれば児戯に等しいと言ったのかが、やっとわかってきた。マッダレーナ峠だけでも牛の背骨をへし折るのに十分だろう。なのにその峠がやっと始まりにすぎないのだ。

勝利の女神はこの戦いの最初から最後の瞬間までコッピの側にいた。彼を見たものはもう疑わなかった。この呪われた登り坂でのスピードが、その抗いがたい力を証明していた。それを止めることなど誰にできただろう？　時々彼はサドルに腰掛ける苦痛を軽減するために立ち漕ぎをし、アスリートが長い眠りから覚めた時にするように、有り余るエネルギーで手足を伸ばそうとするが、それは軽やかな印象を与えた。皮膚の下には筋肉がくっきりと浮かび、今まさに若い蛇が脱皮しようとするかのようだ。すでにドロミテ山塊でもそうだったように、彼は完全に落ち着いて走っていた。まるで狼がすぐ後ろを追いかけてきているのを知らないかのように。常に寄り添うチームカーから、副監督ザンブリーニがもう勝利を確信したかのように彼に微笑みかけていた（ついで眼光輝くアテネがペレウスの子《アキレウス》に近づき、その傍らに立つと翼ある言葉をかけていうには、「ゼウスの寵を享《う》け、勇名轟くアキレウスよ、今こそわれらはあのヘクトル——戦いに飽くことを知らぬ男ではあるが、あのヘクトルを討ち取って、大功名をアカイア勢の船陣へ持ち帰ることができると思うぞ」［松平千秋訳］）。

　フランスとの国境、マッダレーナ峠の上で二分以上のリードだった。ヴァール峠ではそれが四分二九秒になった。そして今や長く恐ろしい峡谷の終わりに、イゾアールの恐るべき防壁がそびえていた。バルタリは潰れたのか？　常に彼の忠実な盟友であった悪天は、彼を助けなかったのか？　彼の伝説的な耐久力は突然失せてしまったのか？　いや、バルタリは相変わらず彼自身だった。頑固で揺るぎなく妥協しない彼だった。しかし、神々の恩寵を得た男に対して、どうやって抵抗すればよかったのか？　彼は泥まみれで、顔は砂埃で灰色になり、疲労で無表情だった。まるで恐ろしいものに追いかけられているかのようにペダルを踏みつけ、だが、追いつくためのあらゆる希望が潰えたことは、もうわかっているようだった。時間、まさにこの取り返しようのない時間というやつが、彼を追いかけてきたのだ。時間に対する絶望的な戦いを、この荒々しい峡谷で、たった一人で戦い抜いている男の感動的なシーンだった（今や恐るべき死が間近に迫って、目のあたりにあり、逃れる術もない。ゼウスもゼウスの御子なる遠矢の神も、以前は快くわたしを衛って下さっていたのに、実はとうからこうするおつもりであったに相違ない。いよいよ私の最後の時が来た。せめては為すところなく果てる見苦しい死に様ではなく、華々しく後の世の語り草ともなる働きをして死のうぞ［松平千秋訳］）。

一分ごとに彼らの間隔は谷や岩壁や森で塞がれて、互いの姿が見えないまま、二人のライバルは最後まで闘った。ここは鷲すら息を呑む幻想的なイゾアール峠のテラス、――そこから人間のような形をした黄色い岩の塔がそびえている――垂直に落ち込む岩塊の堆積で出来た絶望的な古代円形劇場。ブリアンソンよりも標高は一、〇〇〇メートルも高く、目眩がしそうだ。だが、それでもまだ不十分なのだ。向こうにはモンジュネーヴル峠への登りが控えている。ここよりさらに五〇〇メートルも標高が高いのだ。これで大虐殺は終わり？　いや終わらない。さらに五番目の峠に上らなければならないのだ。セストリエール。贖罪を求める罪人のための最後の苦痛。さらに五〇〇メートルをペダルを踏んで上らなければならない。このような戦いにあって、細部にわたる報告に何の意味があるだろう？　最終的にコッピは五回、バルタリは三回のパンクに見舞われたが、それにどれほどの重要性があるだろう？当初の不安をものともせず、コッピは飛ぶように登っていった。もう単独でゴールすることは確実だ。バルタリも頑張っている。しかし二人の間のタイム差はゆっくりと、本当にゆっくりと広がっていく。モンジュネーヴル峠では六分四六秒、チェザーナの町では七分一七秒、セストリエールではほぼ八分、ピネローロのスタジアムではその差は一二分になった。

バルタリは初めて負けた。そしてこれは私たちみんなの運命を思い起こさせるだけに、一層苦い思いのするものだった。今日初めて、バルタリは自らの衰退が始まったことを認めざるを得なかったのだ。そして彼は初めて微笑んだ。そばを通過するとき、私はそれを自分の目で見た。沿道の誰かが彼に声をかけた。バルタリは頭をほんの少しだけそちら側に向けて微笑んだのだ。いつも不機嫌で移り気な男、打ち解けず協調性もない変わり者、常に気難しいしかめ面の彼、その彼が微笑んだのだ。なぜ君はそんなことをしたんだ、バルタリ？　そのおかげで君を守っていた繊細な魔法の力が潰えたことがわからないのか？　突然、知らない人々の拍手喝采や歓呼の声が嬉しくなったのか？　年月の重みはそれほどまでに重いものなのか？　君はついに諦めるのか？

24

ピネローロからトリノへ、自分との戦い

トリノ、6月11日夜

タイムトライアルステージ。最後の者が最初になり、最初の者が最後になる唯一のレース。ピネローロでのスタートは四分ごとに行われ、最下位の選手からスタートする。すべての選手の中で最後に走るのがマリア・ローザの着用者である。

これは計算高く走らなければならないレースだ。選手たちが敵対するのは自分自身以外の誰でもない。誰かの後ろについて風除けにすることはできない。ライバルの姿を見て発奮することもできない。チームの策を弄した戦術もない。アシスト選手《グレガリオ》もここではついに主役なのだ。キャプテンにホイールを要求されたり、レモネードを買いに走らされたりする恐れはない。観客も誰が勝つか、誰が負けるか知ることはできない。今日がまさにそうだった。みんなが有力選手たちに注目し、様々に見積もってコッピの勝利が有力だと考え――そして昨日アルプスの峠で力を温存して、今日は平均速度四二キロ以上のスピードで、誰よりも速く、

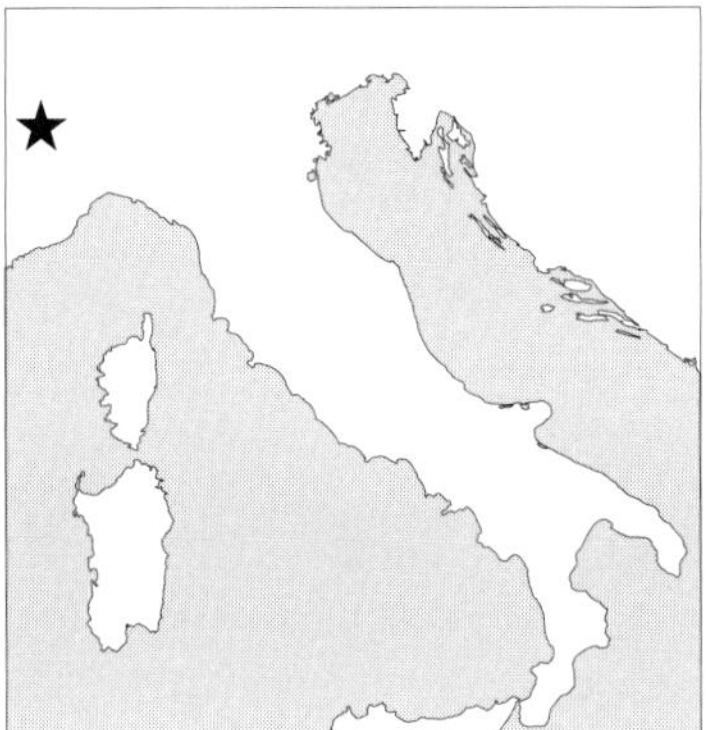

特急列車のように駆け抜けたベヴィラッカのことは忘れていた。そしてコッリエーリとデ・サンティのことも忘れていた。彼らも同様にカンピオニッシモよりも速く走った。もっともカンピオニッシモは、明らかにそれほど真剣には走らなかったようだったが。

　こうしたレースでの気分はむしろ抽象的なものである。その気分は、タイムが算出されゼッケンがチェックされると、まず小さなリストに表される。選手が敵対するのはストップウォッチの針で、スタート時には後に残し、ゴール時にこの敵対者がどれぐらい進んだかを知ることになる。

　彼らが緊張に顔を歪めて一人で走るのを見ると、なぜそれほどまで頑張っているのか理解しがたい。ほとんど無意味なことに思えるのだ、何にもならないことのためにそれほどまで汗をかくなんて。孤独な努力を強いる場ではどこでもそうであるように、侘しい気分が広まる。例えば相手がいないのに難問に悩むチェスプレイヤー、友人もなく一人遊びのゲームをする孤独な年金生活者、通信制学校やレコードで毎晩休みなく一人英語の勉強をしている独習者が連想される。つまり、一七日間に渡る肉体と肉体の戦いのあとでは、どこかまったりした射撃コンクールのような印象なのだ。

　最下位が最初にスタートする。カロッロだ。下働きの男で、マラブロッカをもうこれ以上下はいないという総合最下位の座から追い落とした。この順位は人気があるのだ。最下位は総合７位や８位よりも観客の興味や同情を引く順位だ。最下位はこの地上で排斥されたすべての者たち、不運な者たちの旗手になるのだ。人生という劇場において最上階の立ち見席しか手に入らなかった人々、あるいはそれすら得られなかったすべての人々から、彼は兄弟のように見なされる。しかしセンチメンタルな興味に加えて、今年は形のある利得があった。この逆立ちした名声を顕彰しようと提案するラジオ放送ジリンジロに、毎日イタリア全土から郵便為替や小切手の束が送られてきた。工場労働者たち、生徒たち、僧侶たち、教師たち、田舎の地主たちがいわゆる「黒いシャツ《マリア・ネラ》」を実現するために協力した。カロッロは敗者の中の一番として、二十万リラ以上貰えるだろうと言われていた。

彼にとって一番であるというのはさぞかし奇妙な気分だったことだろう。自分の前には交通警察官の二台のバイクが先導し、後ろには彼の名前を前後につけた、彼一人だけのための伴走車が付き従った。そして草原の縁では人々が彼に拍手喝采していたが、正直に言えば、その人数はわずかだった。スポーツファンの多くは、偉大なカンピオーネたちを応援するために、もっと後になってから大挙して集まってくるものだからである。見ている方にとっては、これほど面白いステージはないと言える。見所が二、三秒で終わることはない。集団が飛ぶように過ぎ去る時間で終わるのではなく、何時間にも渡って楽しめる。しかもそのために一銭も支払う必要がないのだ。そして何よりも、ごった返す集団の中でキャップやマリアを頼りにバルタリやコッピのゼッケンを見つけようと必死になる必要はない。それどころかエースたちを取りちがえる心配もなく、一人ずつ応援できる。そして次の選手が来るまで、じっくり考える時間もある。

こうして彼、ブロンドのカロッロは、彼の直接のライバル、最後から二番目の、彼の後四分後にスタートするマラブロッカの態度にも我関せず、落ち着き払ってスタートする。彼らの間のタイム差は二時間以上あり、マラブロッカが六五キロの距離でカロッロからそのタイトルをかすめ取れるほどゆっくり走るはずはなかった。時々歩いたとしても駄目だろう。こうしてカロッロも一度は勝利の夢想に身を委ねることができる。だって、あそこの山の上にかかっている雲から嵐が発生して、彼の後にスタートする選手たちを驚かせることだってあるかもしれないじゃないか。暴風がみんなをサドルから吹っ飛ばし、夜中になるまで路上で動けなくすることだってあるかもしれない。そして明日になったら、彼が一足飛びにマリア・ローザを着るかもしれない。しかしこんなことはおふざけに過ぎない。雲は路上に雨を振り撒いた後消えた。いつもの無害な六月の雨に過ぎない。実際にはとっくに何もかも決定済みで、もし順位に何か変動があるとしても、1位の順位ではない。ジロは――少なくとも識者の見解では――もはや語るべき重要なことはない、明日私たちをモンツァへ導いてくれるはずの最終ステージでもそうだ。そして選手たちはすぐにいくらか不機嫌になり、緊張感がなくなりつつある。良いものであれ悪いものであれ、何かが終わろうとするときにはいつでも起こることだ。こういう瞬間に人は時の経つのがいかに速いか、人生がいかに短いかに気がつく。

今日も戦いはあった、2位争いではあったが。というのはレオーニのバルタリに対する遅れは三分半に過ぎなかったからである。そしてタイムトライアルは決してバルタリの得意分野ではなかった。ところがレオーニは今日は、股のおでき《フルンケル》の悪化もあったが、調子が悪く、二〇キロ走ったところでもうコッピにも追い抜かれてしまった。表彰台をさらに一段上がる代わりに、滑り落ち、3位の順位をコットゥールに奪われてしまった。

さて、バルタリは？　今日もバルタリは選手としての誠実さを立証し、まるで勝利を目指すかのごとく必死で走った。しかも今日自分が勝つことはないと自覚していたのである。ピネローロでスタート係に呼ばれるのを待っている時、イゾアール峠の敗者は、彼を取り囲んでサインをもらおうと、カードと鉛筆を差し出す小僧っ子の群れから逃れるために、私たちの車に乗り込んできた。落ち着き、絶好調に見え、いつになく雄弁だった。彼は、レオーニが彼の前ではなく後にスタートすることに対して、ブツブツ不平を言い始めた――何であれ彼は不平を言わずにはいられなかった、不平を言わないバルタリはあり得なかった。おかげで自分はレオーニのペースに合わせることができないが、逆にレオーニは自分のペースに合わせることができる、と言うのである。そして彼はこう尋ねてきた、「さて、君たちは、君たちの車は誰の後ろについていくんだい？　コッピかい、それとも？」一瞬の間その声には苦い息吹が混じった。「まあいい、みんな今日はコッピの後についていくんだろう。奴は速いよ。俺はもうあんなに速く走れない」。そこには恨みがましさはなく、まるで彼にとっても当然のことであり、納得しているかのようだった。

　それから昨日のステージのことを話し始めた。コッピがアタックした時、これは冗談だと思ったと言うのだ。しかし、言い訳をしようとしたわけではなかった。その逆だった。彼は反論せず、ほとんど自分を説き伏せようとするかのように言った、「見てくれよ、俺はもう同じ俺じゃない……今じゃ下りが怖いんだ。昨日のイゾアールでは下りで二分も遅れてしまった。昔は転落するように下ったものだが……今は怖い。狭いカーブではブレーキをかけてしまう。トリノの不幸［一九四九年5月4日、サッカーチームACトリノの飛行機がスペルガ山に激突した。乗っていた人は全員亡くなったが、当時のイタリアのトップチームのほとんどすべての選手が含まれていた］みたいな不運がいつ起こるかわからない……もう無心になれない。以前なら吹っ飛ばせたのに……今は登りは速いが下りはもう駄目だ。怖いんだよ」

　その時スタートラインで彼を呼ぶ声が上がった。バルタリは豚革の手袋をしながら車から降り、仕事に向かうかのように自分の自転車のところへ歩いて行った。

付録3　**コッピがジロ・ディ・イタリアに勝つ**

（チロ・ヴェッラッティのレポート）ミラノ、6月13日

イタリアの自転車競技をめぐる状況ははっきりした。ジロ・ディ・イタリアが終わった今になってもまだそれが見えない人は、おそらく相当の近視眼で、分厚いメガネが必要だろう。予想されたように、そして自転車競技のロジック通りにファウスト・コッピが勝った。自転車競技のロジック、それは多くの評論家たちのロジックではない。彼らは決定的なステージの前夜まで決断がつかず疑っていた。しかし、ここで難癖を付けるつもりはない。ただ、いずれにしても私にとってはあまり嬉しくない確認をしておきたいのだ。つまり、コッピの勝利はなによりその勝つためのスタイルによって、イタリアの自転車競技に新たな外観を与え、これまで私たちのこの競技の人気を高めてきた要因を色褪せさせてしまった。昨日まではコッピとバルタリのライバル関係について語ることはまだ可能だった。人々を興奮させ熱狂させせたこのライバル関係。だが今日、このライバル関係はもうただの思

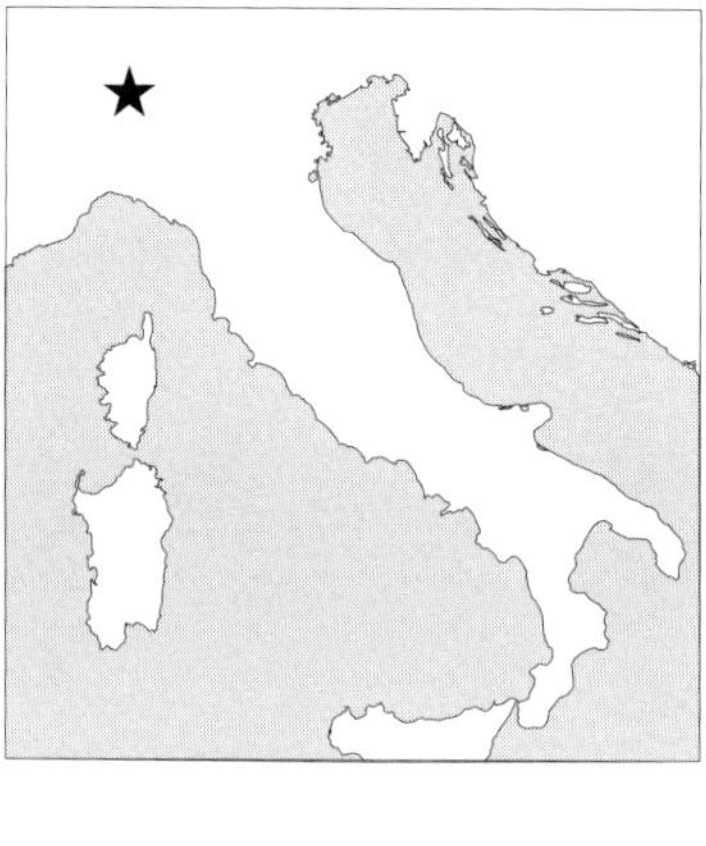

い出になってしまった。疑いようもない武勇を見せてきたバルタリは、もうコッピに対抗することができないのだ。

バルタリファン《バルタリアーニ》がたてこもった最後の要塞はフレンチアルプスだった。それはむき出しの大地に掘られたカモシカのための道、道無き道での地獄のようなレースだった。最高レベルのレースだっただけではない。苦痛に耐えることを要求する、ほとんど英雄的なレースだった。みんなが、コッピは確かに突出しているが、バルタリのような苦しさに耐える能力はないと言っていた。一方バルタリは「並外れた困難」に耐えられる男だ。彼は苦しさが増せば増すほど光り輝く男なのだ。今、コッピはバルタリアーニたちの最後の防御ラインを突破してしまった。バルタリの王国でコッピこそが王であることを証明してしまった。伴走車の半数が止まってしまうようなイゾアール峠の曲がりくねった恐ろしい登坂路で、彼を止める障害物はもう存在しなかった。彼は通行が困難な厳しい道が大好きで、それこそが彼を奮い立たせることを見せつけた。こうしてコッピは、バルタリがイタリア人や外国人のライバルたちすべてを打ち負かした同じ道で、バルタリを打ち負かしたのである。

自転車競技には調子の悪い日がある。バルタリがバッドデーだったら、まだ考える余地があったかもしれない。というのはコッピにもバッドデーはあるし、彼はそれをよく知っている。それは別に不思議なことではない。しかし、そういうものではなかった。バルタリはフランスの山々で素晴らしいレースをしたのだ。彼はカンピオーネとしての勇気を示した。しかし、残念なことに、彼はコッピの中に自分の理想を見つけた。バルタリの逆襲を語ったり、コッピと立場を交代するよう望むのは軽薄だと思う。不滅のカンピオーネ、ジノはあれ以上速く走ることはできないぐらい速かったが、コッピは彼よりも速かったのだ。それを認め、彼にこそその権利がある称号、イタリア自転車界、否、世界の自転車界ナンバーワン《ヌメロ・ウノ》の称号を与えること以外、私たちにできることはない。彼とバルタリの間には差があるが、しかしバルタリと他の選手たちとの間にも差があるのだ。二人は1番と2番であり、どちらもイタリアのスポーツ界の誇るべき選手たちだ。フランスをはじめ、すべての人々が私たちを羨んでいる。私たちとしては、バルタリにはもうすこし頑張り続けて欲しいところだ。コッピのずば抜けた力を比較するものさしとして、彼が必要だからだ。

　モンツァでのスプリントの後、一人ならず尋ねられた、「コッピはその気になればいつでも圧勝できるのに、なぜ滅多にその気にならないのだろう?」と。これはおそらく、このカンピオーネの複雑な心理におけるミステリーである。答えはコッピが一日だけの名声を得ようと、あくせくしないことにある。彼は束の間の賞讃を求めるのではなく、もっと遠くを見ているのだ。実現したい計画がいくつもあるのだ。自分にある種の放棄を強いる戦略。ひょっとしたら、こうした計算高いやり方は、沿道で歓声をあげたり、一瞬の陶酔を得るために山にまで登ってくる人たちには、気に入らないかもしれない。しかし、これは力の配分を考えた細心なやり方で、専門家たちが「賢い」と言う所以である。もちろんスポーツに熱狂するファンたちは、ロマンチックな冒険の方が、退屈な日常よりも好ましいだろうが、人生において毎日がロマンチックな冒険のはずはない。穏やかな日々もあるし、どうでも良い休憩や、心踊らぬ単調な時間というものもある。コッピに共感を感じる人もいるだろうし、感じない人もいるだろう。その賢い配分を非難する人もいるだろう。しかし、彼が最も強いことは認めざるを得ない。常に全力を出そうとしない点を批判するならすれば良い、だが、彼がきみたちに納得させねばならぬと思えば、圧倒的な力を見せつける。彼が最後に見せた圧倒的な力はイゾアールの偉業と呼ばれているのだ。

　さて、ここではレオーニについてもいくらか述べておきたい。彼はあの素晴らしいアルプスのステージまでマリアローザを着ていて、もしコッピとバルタリが、すでに前にあったように、お互いに牽制し合って動かなかったら、彼が勝ってもおかしくなかった［一九四八年の世界選手権のことである。マソ『俺たちはみんな神さまだった』二三一四頁参照］。アルプスでの戦いが始まった時、レオーニはドロミテと同じやり方で対抗することができなかった。今回の山は容赦がなく、平地とスプリントで名をはせるレオーニに敵意を向けた。しかし、もしタイムトライアルステージの日に、運命が彼に逆風とならなければ、3位の座は安泰のはずだった。そして彼こそ3位にふさわしかった。その日、彼はライバル達に敗れたのではない、おでき《フルンケル》にやられたのだ。それは高貴な苦しみとは言えないが、苦しみであることは確かだ。苦しみの涙を飲み込み、いつものようにペダルを踏み続けたが、徐々に勢いは失われ、苦い敗北を受け入れなければならなかった。彼もコットゥールと同様に、賞讃に値するものである。コットゥールはバルタリと同じ年齢で、同じ灼熱の情熱を持ち合わせた勇敢で頑強な選手だ。第三の男マーニ［フィオレンツォ・マーニ（一九二〇～二〇一二）ジロで三勝を挙げ、コッピ、バルタリに対して第三の男と呼ばれた］が不参加だったにも拘らず、栄えあるチーム順位賞を獲得したヴィリエール＝トリエスティーナチームのチームメイトたちみんなも彼とともに賞讃されるべきだろう。アストルーアは精力的かつ勇敢に白いシャツ《マリア・ビアンカ》［このマリアは現在は新人賞に与えられるが、この時代には企業の援助を受けない選手、いわゆるインディペンデンティの総合1位に与えられた］を奪い取ると、それを守りぬくだけでなく、時には最も偉大な選手たちにも対抗できた。他にもたくさんの選手のことを語りたいし、語るべきだが、スペースに限りがあるので、それを断念しなければならないのが残念だ。

だが今は、最終ゴールへ向かう凱旋パレードというべき最終ステージについて報告しなければならない。それは個々の選手以上にジロそのものが、関わった人々や、その熱狂すべてと一緒に勝利を祝うステージだった。ロンバルディアの街道では群衆が狭い道をふさぎ、私たちは何度も車をくさびのようにして道を切り開かなければならなかった。この人々は何時間も前から待っていて、私たちの遅れを少しだけイライラしながらも、笑顔で迎えてくれた。彼らが待っていたのはもちろんコッピとバルタリだが、しかし何よりもジロそのものを、ジロが備えている魅力と象徴性を待っていたのだ。

私たちは朝早くトリノを出発し、聖体行列のスピードでヴェチェッリとノヴァラへ到着した。しかし前に進めないほどの強風だった。ピエモントの街道での熱狂ぶりはそれほどでもなく、恐らくはロンバルディアの歓迎ぶりの方がずっと熱かった。ノヴァラではコンテとベヴィラッカがタッパ・ヴォランテを激しく争い、コンテが勝ったが、ベヴィラッカがスプリントを開始しようとした瞬間に、何を考えたか彼の前で止まった警察官に道を塞がれたことは言っておかなければならない。私たちはさらに一〇キロほど、観衆で黒々とした街道を走り抜けて、明るく陽が輝くが、昨日ほど素晴らしくは見えない午後のコモ湖沿いを通過した。

こうして私たちはギサッロの麓にやってきた。埃と数々の戦いで有名な峠だ。私たちは、コッピが前日のタイムトライアルで全力を出し切らなかったのを知っていたが、ここでも力を温存することはわかっていた。そうは言っても、青と白《ビアンコチェレステ》のカンピオーネがなんどもその卓越性を証明した登りだ。意図はともかく、状況によっては戦いが始まるのではないかと期待させられた。しかし、何も注目に値することは起きず、監視を怠らなかったバルタリが力強いアタックで山岳ポイントを1位で通過することに成功した。後にはパソッティ、マルティーニ、ヴィットリオ・マーニ、コッピの順で続いた。それでも群衆は大騒ぎだった。バルタリアーニの聖なる炎は消えていなかったからだ。それは敗北の灰の下でまだくすぶっていた。彼らにほんの少しでも勝利の息吹を与えてやれば、その灰から炎が上がるだろう。

下りになると集団は再び一列になり、ミラノまでお祭り気分の楽しげなレースが続けられた。ジロ・ディ・イタリアはもっとも輝かしい色で染められた。モンツァのオートサーキットの長い周回路で行われたゴールスプリントは、コッリエーリがリッチとファウスト・コッピを破って優勝した。それまで骨髄に響くようなエンジンの爆音しかしなかった同じアスファルト路で、自転車のホイールの軽やかな響きを聞くのは奇妙に印象的だった。桁外れのジロ・ディ・イタリアの終わりに、こんな桁外れの凱旋周回で、いまどんな気持ちかを選手たちの誰かに尋ねようとしたが、私にはうまくいかなかった。

このジロは終わりがないように見えたが、やはり終わるのだ。私たちはガゼッタ・デッロ・スポルト紙の編集長エミリオ・デ・マルチーノ［（一八九五～一九五八）イタリアのサッカー選手でジャーナリスト、作家。一九四七～五〇年、ガゼッタ紙の編集長を務める］に感謝しなければならない。彼がジロに大胆なファンタジーの息吹を吹き込み、その幸福なフィナーレを用意してくれたのだ。シチリアのスタート、強烈な山岳ステージ、タッパ・ヴォランテ、これらすべては大変な困難を伴うように思われた。街道は石塊で覆われ、走行不能だろうと思われたが、情熱と粘り強さでどんな困難も克服できることがわかった。いくつかの障害はほぼ予想通りのところにあった。しきたりが幅を利かせている地域だった。中央の組織が、ステージが行われる地方の組織を、より丁寧にチェックすることも不可欠だ。例えばナポリとジェノバのゴールでは色々不備があった。しかしそれは美しい顔の、調和を損なうことはないシミのようなものだった。

困難なジロ・ディ・イタリアだった。退屈な何日かもあったし、正直に言って気落ちする日々もあったが、忘れられないほど心を動かされた瞬間もあった。プロとしての習慣に慣れている私たちですら、ポルドイ峠やアベトーネ、あるいはギサッロのファンとほとんど同じように有頂天になる時があった。早く終わらないかとなんども願ったが、今、実際に終わるとなると残念に思う。今は寂しい気持ちでいっぱいだ。

明日のステージは何キロだ？　だが、もう明日のステージはない。なんと残念なことだろう！

25
自転車のおとぎ話よ、
それは決して色あせることはない

ミラノ、6月13日

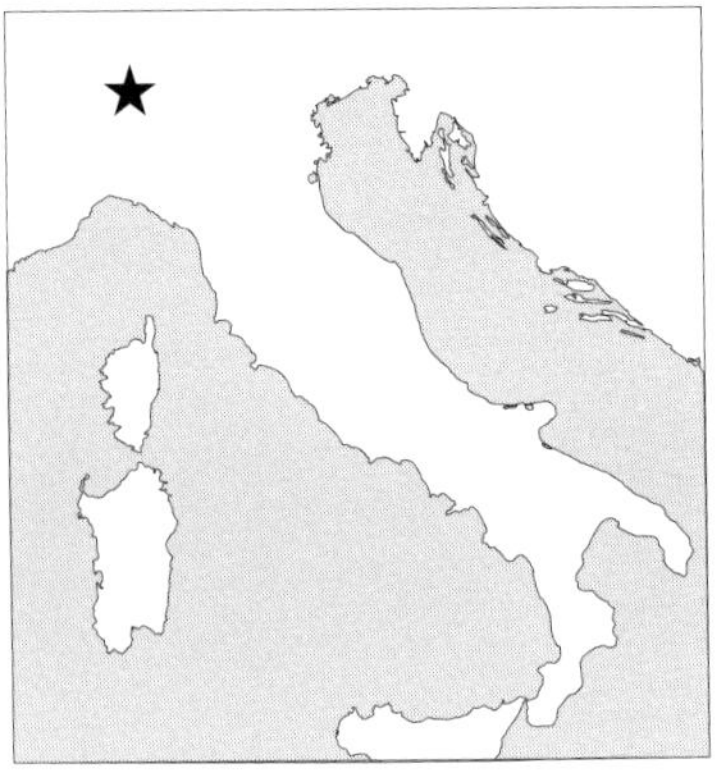

　一昨日ゆっくりとモンツァのサーキットから出ていった自動車の巨大な流れの真っ只中に、――それは沈みゆく太陽に向かって、西部劇映画でよく見る砂塵を舞い上げる牛の群れのように見えた――混《こん》沌《とん》状態の中で見失いがちながらも、あちこちに色とりどりの斑点が見えた。それが選手たちだった。まだマリアを着たまま疲れた表情で、ある者は伴走車の中のスペアホイールの間に押し込められ、またある者はトラックの後部扉から顔を出し、多くは、ごった返している中で乗せてやろうとする人がいなかったから、まだ自分のサドルに跨っていて、ジロの四、〇〇〇キロ以上の後で、なおさらに一五キロを自走で行かねばならなかった。
　彼らは私たちを見た。埃に覆われた車を、その標識プレートを、私たちの日焼けした顔を。私たちは同じ仲間だった、彼らと私たちは。灰色の日常生活の中で、今まさに消えて行こうとしている熱狂の世界の小さな残滓。私たちは悲しげな、何もかもわかっているという微笑みを浮かべて互いに見つめ合う。それは戦争から帰ってきた兵士たちが、大きな駅の喧騒の中で、たとえ長く会わなかったとしても一目で兄弟だとわかるようなものだ。ジロの間、選手たちと私たちは実際上は無関係だった。今は違う。今は他の人たちすべてが無関係で、私たちは突然友人同士になっている。この多くの人々の中で私たちだけがお互いにわかりあえ、メランコリックな秘密を共有しているのだ。

一九日間に渡って、彼らが脚の力だけでイタリア半島に沿って走り抜け、さらにアルプスの峠を登り、駆け下るのを驚嘆しながら見てきたのだ。彼らのうちで一番弱い選手が費やした労力の百分の一でも私たちの誰かがやったら、たとえ二〇年前の若かった頃でも、少なくともひと月は入院しただろう。そして今、これほどものすごい労役から何が残ったのか？それが何か生み出したのか？　何も。無意味な熱狂の祭壇に捧げられた疲労以外は何も。

それでもこの男たちが町から町へ到着すると、人々は――驚いたことに――店も鋤も放り出し、ベッドから飛び起き、最上階の我が家から駆け下り、何キロもの距離を徒歩でやってきて、雨でも日照りでも、午前中ずっと待ち続けて立っていた。イタリア中の人々が、農民も労働者も老練な船乗りも母親もよぼよぼの老人も中風患者も神父も乞食も泥棒も、四、〇〇〇キロの距離を列をなして並び、前日の自分とは別人になって、新しい気持ちで力が湧き、笑い、叫び、一瞬の間だけ人生の労苦を忘れ、幸せな気分で心和むのだ。このことは絶対に保証する。

自転車でイタリアを一周するような奇妙で馬鹿げたことが、私たちには必要なのだろうか？　もちろん必要なのだ。これはファンタジーの最後の砦、ロマンティシズムの拠り所で、進歩という峻厳な力に包囲されながらも降伏する気はない。

彼らが野原や丘や森の間をどれほどペダルを踏み続けたか見るがよい。彼らは絶対にたどり着くことのない遠く離れた町へ向かう巡礼者だ。彼らは古代の画家の絵にあるように、血と肉で人生という理解しがたい冒険を体現しているのだ。これこそ真のロマンティシズムだ。

彼らは自転車に乗った騎士たちだ、どんな国でも征服できない国はないと勇んで出陣する。彼らが戦いを挑む巨人たちはドン・キホーテの有名な風車に似ている。そこに人のような手足や顔があるわけではない。敵は距離と勾配と苦痛と雨と涙と怪我だ。そしてこれもまた、かなりロマンティシズムを掻き立てる。

彼らは人食い鬼に囚われた若き奴隷だ。鬼は彼らを鉛の碾臼《ひきうす》につなぎ、臼を回せと鞭打つ。彼らが血を流す一方で、周辺の森からは女たちが涙を流して叫ぶが、奴隷たちは答えることができない。これもちょっとロマンティシズムを掻き立てないだろうか？

彼らは狂っている。同じ道をなんの苦もなく行くことだってできるのに、わざわざ野獣のように苦しい思いをする。ゆっくり走ることもできるはずなのに、速く走ろうと悪戦苦闘する。ほとんど全員で示し合わせれば、苦しまずに同じ額の金を稼ぐことができるはずなのに苦痛を選ぶ。そう、これもまたロマンティシズム。

そして彼らはまた僧侶だ。厳しい戒律に縛られた特殊な同胞意識を持つ僧侶だ。それぞれが神の恩寵を願うが、ほんのわずかな人だけが、一〇年に一人か二人だけが恩寵にあずかる。だが彼らは諦めない。選ばれたわずかな者たちは自分では気付かぬまま、世界によって一種の神聖な地位に就くことを許されるのだと知っているからだ。彼らの名声は永遠に輝くだろう。これも古き良き時代にふさわしい無邪気なおとぎ話。

だが今、このおとぎ話が終わる。自転車に乗った騎士たち、巡礼者たち、狂人たち、僧侶たち、彼らは家に帰る。母や妻や子供たちに囲まれたごく普通の男になる。自由になったがほんの少し悲しげだ。ソヴェーリア・マンエッツリのスプリント賞のゴールテープは、その町の自転車クラブ「ヴェロ・エ・スポルト」の保管庫に大切に納められている。マリオ・ファツィオの右肘の擦過傷はすでに治っている。クローチ・トルティ選手に課された三千リラの罰金（繰り返し伴走車につかまった）に対する抗告は、「ガゼッタ・デッロ・スポルト」紙のロッカーの中に収められている国際審判団の文書の山の中で、その永遠の眠りを開始した。ジノ・バルタリがセルヴィエールを越えて三キロのところで、執着することなく投げ捨てたアルミニウムのボトルは、偶然羊飼いの少年に拾われ、今は彼のベルトにぶら下がっている。カーリとアックアラーニャの間の側溝では、キャラバン隊の放送車両に轢き殺された野良犬の死骸を、蟻がほぼ半分平らげてしまった。そしてこの間に陽射しと風雨のために、ポルドイ峠のふもとのカラマツの木に打ちつけられたボール紙の看板——そこには「ファンの皆様へ。選手を押すことは控えてください」と書かれている——も剥がれつつある。決して終わらないかのように思われたが、今、それはすでに過去のものになっている。今はもうすでに他のレース、ジロ・デル・ラツィオやツール・ド・フランス（バルタリがコッピと同じチームで走りたくないと思うのは良いのか悪いのか？）、トラック競技やツール・ド・スイスや、この先待っているレースについての話題になっている。人生とはそういうものだ。

そして来年の五月になれば再び始まるだろう。その次の年もまた、いつまでもずっと春ごとに、おとぎ話は続いていく。誰かまともな人が、こんなことを続けるのは馬鹿げていると言い出すまで（しかしその時まで私たちは生きているだろうか？）。その時には自転車はもう稀な存在になっていることだろう。少数のノスタルジックなマニアだけが乗るほとんど変なクズ鉄と化していて、ジロなどと言われても、嘲り笑う声が上がることだろう。

いやそうではない、屈するな、自転車よ。その頃には、私たちはおそらくすでに死んで墓の中だろう。コッピは痩せて震えがちな小さな老人になり、新しい世代の者たちは誰も彼のことを知らない。人々は違う名前を連呼するだろう。ツールのパトロン、デグランジュの言葉を借りれば、「神のごとき自転車」よ、屈するな。もしお前がなくなってしまえば一つのスポーツの時代が、人類の文明の一章が終わってしまうだけではなく、素朴な魂がホッとできる幻影の王国の勢力範囲がさらに制限されてしまう。笑うかもしれないが、五月の爽やかな朝に、イタリアの古い街道を繰り返し走りだしてみるがよい。私たちは旅にはロケット電車を使い、原子力のおかげで最低限の努力すらしないで済むようになっているかもしれない。とても大きな力を持ち、一層文明化されているかもしれない。だが、そんなことはお前にとってはどうでもいいのだ、自転車よ。お前はそのわずかなエネルギーで飛んで行け、山や谷を越えて行け、汗をかき、競い合い、苦しめ。最も辺鄙な丘からお前を讃えるためにきこりが駆け下りてくるだろう、漁師たちは浜辺から駆け上がってくるだろう、帳簿係たちは台帳を放り出し、鍛冶屋は火を消してお前を讃えるだろう、詩人たち、夢想家たち、素朴で善良な魂の者たちが再び沿道にごった返し、お前のおかげで自らの貧困や悲惨さを忘れるだろう。そして娘たちはお前に花を浴びせかけるだろう。

訳者あとがき

本書は*Dino Buzzati al Giro d'Italia*の全訳である。ただし、翻訳にあたっては主にミヒャエラ・ハイセンベルガーによる独訳*Dino Buzzati beim Giro D'Italia*とジュリア・アマリ訳の*The Giro d'Italia – Coppi versus Bartali at the 1949 Tour of Italy*を用い、さらにイヴ・パナフィウとアンナ・タランティーノによる仏訳*Dino Buzzati sur le Giro 1949 – Le duel Coppi-Bartali*も随時参照した。

作者のディーノ・ブッツァーティ（一九〇六〜七二）について詳しく語る資格は訳者にはない。岩波文庫の「タタールの砂漠」の脇功氏の解説などを参考にしていただきたい。ただ、マラビーニ（一九三〇〜二〇一〇）の序文の中にもあるように、「タタールの砂漠」など、ブッツァーティの小説を読んだことのある人なら、この一九四九年のジロ・ディ・イタリア帯同記の至る所に、ブッツァーティ節《ぶし》とでもいうべき幻想的夢幻的な描写を見つけることができるだろう。

一連の記事は現在私たちが普通に考えるスポーツドキュメンタリーのスタイルとはかなり違っている。ブッツァーティはジロと同行しながら、選手たちとほとんど話を交わしていないように見える。いや、正確には最後のタイムトライアルステージで、スタート前のバルタリと車の中で話をするシーンはある。しかし、下りが怖いというバルタリの老いの自覚が語られるこのシーンも、どこか夢幻的な雰囲気をまとっている。

いや、本当は選手たちともいろいろ会話していたのかもしれないが、少なくとも記事の中では選手たちの生の声をほぼ伝えていない。現在ならどんなスポーツであれ、レポーターが選手にインタビューしないなど考えられないだろう。だが、小説家のブッツァーティは自分が見たものから生まれた想像力豊かな幻想的な物語を紡いでいく。そう見ると、これはドキュメンタリーというよりは、イタリアを北上する自転車レースを口実にしたブッツァーティの連作短篇小説集と見るべきだろう。

主役たちのその後について簡単に触れておきたい。ファウスト・コッピはこの二週間半後に始まったツール・ド・フランスでも圧勝して、史上初のダブルツールを果たす。ツール・ド・フランスでは都合二勝、ジロ五勝をあげ、ロードでもトラックでも世界チャンピオンになるが、四十歳の時にオフシーズンのアフリカのレースでマラリアに感染して死亡する。

ジノ・バルタリは、コッピがダブルツールを果たしたこの後のツールでも2位になり、五年後に引退する。ツールには二勝（しかもその二勝は第二次世界大戦を挟んで一〇年も隔たっている)、ジロは三勝をあげている。バルタリは生前自分から話すことはほとんどなかったが、戦時中にはユダヤ人をナチスの迫害から救うために、自分が著名な自転車選手であることを利用して、抵抗運動に関与(トレーニングと称してフレームに偽のパスポートを隠して運搬など)していたことが、死後知られるようになり、イスラエルより「諸国民の中の正義の人」の称号を授与されている(この称号は日本では杉原千畝が受けている)。

敬虔なカトリック教徒で、スタートとゴールでは必ず十時を切った無愛想な田舎の男バルタリに対して、コッピはモダンでスマート、共産主義者で無神論者だとデマまで流され、冷静で計算高く、カトリックでは御法度の離婚も経験した。実に対照的なタイプ。イタリア中を二分したのも当然と言えば当然だろう。

これを書いた時四十三歳のブッツァーティは三十五歳のバルタリに肩入れし、彼の老いを強調しながら、我々人間の運命を重ねているが、実際のバルタリは翌年にはミラノ〜サンレモに四度目の勝利を挙げ、ツール・ド・フランスでもステージ優勝をして一日間だけではあったがマイヨ・ジョーヌを着ているし、五二年にはイタリアのナショナルチャンピオンにもなっていることも付け加えておきたい。

いつものように多くの助言を戴いた未知谷の飯島徹氏、校正の労を取って頂いた伊藤伸恵さんには心より感謝します。

訳者

出場選手一覧

（べ）ベルギー
（ス）スイス
（ル）ルクセンブルク

ウィリエール＝トリエスティーナ
1 マッジーニ、ルチアーノ（伊）
2 コットゥール、ジョルダーノ（伊）
3 ブレッシ、ジュリオ（伊）
4 マルティーニ、アルフレド（伊）
5 フェルグリオ、エジーディオ（伊）
6 アウセンダ、アントニオ（伊）
7 カロッロ、サンテ（伊）

アタラ
8 マッジーニ、セルジオ（伊）
9 ベヴィラッカ・アントニオ（伊）
10 デ・サンティ、グィド（伊）
11 ペヴェレッリ、アルマンド（伊）
12 ペッツィ、ルシアーノ（伊）
13 ボフ、ベルトロ（伊）
14 フマガッリ、アンジェロ（伊）

レニアーノ
15 レオーニ・アドルフォ（伊）
16 オットゥージ、ディーノ（伊）
17 ロッセッロ、ヴィンチェンツォ（伊）
18 ロッセッロ、ヴィットリオ（伊）
19 ソルダーニ、レンツォ（伊）
20 フォルナラ、パスクアーレ（伊）
21 フロジーニ、ルチアーノ（伊）

ガンナ
22 セラミ・ピノ（べ）
23 デュブュイッソン、アルベルト（べ）
24 ルサージュ・ジャン（べ）
25 ミッシーネ、ロヒェル（べ）
26 ボイセ、マルセル（べ）
27 ファン・デル・ヘルスト、ヨーゼフ（べ）
28 ファン・スタイエン、ヨーゼフ（べ）

バルタリ
29 バルタリ、ジノ（伊）
30 ―
31 ベンソ、マリオ（伊）
32 ジョモー、レオン（べ）
33 コッリエーリ、ジョヴァンニ（伊）
34 ブリニョレ、アンジェロ（伊）
35 ベッリーニ、エンツォ（伊）

ビアンキ
36 コッピ、ファウスト（伊）
37 コンテ、オレステ（伊）
38 コッピ、セルセ（伊）
39 パスクィーニ、ブルーノ（伊）
40 カッレア、アンドレア（伊）
41 ミラノ、エットーレ（伊）
42 クリッパ、サルヴァトーレ（伊）

フレジュス
43 ペドローニ、シルヴィオ（伊）
44 シモニーニ、セッティミオ（伊）
45 ドーニ、ジュゼッペ（伊）
46 バルドゥッチ、アルマンド（伊）
47 フランキ、フランコ（伊）
48 ファンティ、フランコ（伊）
49 ブルキ、リーノ（伊）

チマッティ
50　チェッキ、エツィオ（伊）
51　バロッツィ、ダニーロ（伊）
52　ロッシ、ディーノ（伊）
53　トニーニ、オリヴィエロ（伊）
54　—
55　リドルフィ、アリギエロ（伊）
56　パスクェッティ、フレイド（伊）

ヴィスコンテア
57　ロンコーニ、アルド（伊）
58　リッチ、マリオ（伊）
59　フォンデッリ、ウーゴ（伊）
60　ビアジオーニ、セラフィーノ（伊）
61　ランベルティーニ、アッティリオ（伊）
62　ヴィチーニ、マリオ（伊）
63　セルヴァデイ、グラウコ（伊）

アルボス
64　ローリ、ネード（伊）
65　ヴォルピ、プリモ（伊）
66　カステルッチ、レオ（伊）
67　パオリエリ、マルチェロ（伊）
68　ラッツェリーニ、ヴィタリアーノ（伊）
69　ポンティッソ、ブルーノ（伊）
70　ザナッツィ、ヴァレリアーノ（伊）

エーデルワイス
71　ビッツィ、オリンピオ（伊）
72　バイト、アルド（伊）
73　フルケーリ、ピエトロ（伊）
74　トシ、アルド（伊）
75　セゲッツィ、ヴィットリオ（伊）
76　—
77　ブサンカーノ、エリオ（伊）

ストゥッキ
78　シェール、フリッツ（ス）
79　タルッキーニ、ピエトロ（伊）
80　クローチ・トルティ、エミリオ（ス）
81　マラブロッカ、ルイジ（伊）
82　マッタヴェッリ、ジョヴァンニ（伊）
83　ピナレッロ、ジョヴァンニ（伊）
84　デッラ・ジュスティーナ、フェルナンド（伊）

ベノット
85　カソーラ、ルイジ（伊）
86　パソッティ、アルフレド（伊）
87　カルジオリ、ジョルジョ（伊）
88　ギラルディ、アルベルト（伊）
89　ドレイ、ウンベルト（伊）
90　アストルーア、ジャンカルロ（伊）
91　ボニーニ、ヴァレリオ（伊）

フィオレッリ
92　ゴルトシュミット、ジャン（ル）
93　シェンク、ヤコブ（ス）
94　ヴァレンタ、ルーディ（伊）
95　マランゴーニ、エギディオ（伊）
96　モナーリ、グィド（伊）
97　ズッコッティ、プリモ（伊）
98　ナンニーニ、エンツォ（伊）

ボッテッキア
99　ファツィオ、マリオ（伊）
100　ルガッティ、アドリアーノ（伊）
101　マーニ、ヴィットリオ（伊）
102　コッピーニ、エンツォ（伊）
103　ブラソーラ、アンニバーレ（伊）
104　セルヴァティコ、セルヴィーノ（伊）
105　ファツィオ、アルフィオ（伊）

ステージ順位

第1ステージ　5月21日（土）パレルモ〜カターニャ（261 km）
1. ファツィオ、マリオ　7：47：55（平均速度 33.647km/h ボーナスタイム 2：00）＊
2. カッレア、アンドレア　同タイム（ボーナスタイム 0：45）
3. コットゥール、ジョルダーノ　＋0：36（ボーナスタイム 0：15）同タイム
山岳賞　コッレ・デル・コントラスト　1. ファツィオ、マリオ　；2. モナーリ、グィド　；3. カッレア、アンドレア

＊ゴール、山岳賞、中間スプリント（タッパ・ヴァランテ）で3位までに入った選手にはそれぞれ60、30、15秒のボーナスポイントが与えられた。

第2ステージ　5月22日（日）カターニャ〜メッシナ（163 km）
1. マッジーニ、セルジオ　4：47：46（平均速度 33.985km/h ボーナスタイム 1：00）
2. コットゥール、ジョルダーノ　同タイム（ボーナスタイム 0：30）
3. シェール、フリッツ　（ボーナスタイム 0：15）
第2ステージ後の総合順位
1. コットゥール、ジョルダーノ　12：36：13
2. カッレア、アンドレア　＋1：17
3. ファツィオ、マリオ　＋1：18

第3ステージ　5月23日（月）ヴィラ・サン・ジョヴァンニ〜コゼンツァ（214 km）
1. デ・サンティ、グィド　7：03：31（平均速度 30.817km/h ボーナスタイム 1：00）
2. パソッティ、アルフレド　＋1：38（ボーナスタイム 0：30）
3. マッジーニ、ルチアーノ　＋3：13（ボーナスタイム 0：15）
山岳賞　ティリオーロ　1. ジョモー、レオン　；2. ローリ、ネード　；3. コッピ、ファウスト
第3ステージ後の総合順位
1. コットゥール、ジョルダーノ　19：42：57
2. カッレア、アンドレア　＋1：07
3. ファツィオ、マリオ　＋1：18

第4ステージ　5月24日（火）　コゼンツァ〜サレルノ（292 km）
1. コッピ、ファウスト　9：59：21（平均速度 29.300km/h ボーナスタイム 1：00）
2. レオーニ、アドルフォ　同タイム（ボーナスタイム 0：30）
3. バルタリ、ジノ（ボーナスタイム 0：15）
第4ステージ後の総合順位
1. コットゥール、ジョルダーノ　29：42：18

2. ファツィオ、マリオ　＋1：18
3. シェール、フリッツ　＋1：34

第5ステージ　5月26日（木）　サレルノ〜ナポリ（161 km）
1. ビアジオーニ、セラフィーノ　4：36：24（平均速度34.943km/h ボーナスタイム1：00）
2. レオーニ、アドルフォ　＋4：02（ボーナスタイム0：30）
3. マッジーニ、ルチアーノ（ボーナスタイム0：15）
第5ステージ後の総合順位
1. コットゥール、ジョルダーノ　34：22：44
2. ファツィオ、マリオ　＋1：18
3. シェール、フリッツ　＋1：34

第6ステージ　5月27日（金）　ナポリ〜ローマ（233 km）
1. リッチ、マリオ　7：07：50（平均速度32.676km/h ボーナスタイム1：00）
2. フロジーニ、ルチアーノ　同タイム（ボーナスタイム0：30）
3. パソッティ、アルフレド（ボーナスタイム0：15）
第6ステージ後の総合順位
1. コットゥール、ジョルダーノ　41：31：04
2. シェール、フリッツ　＋1：04
3. ファツィオ、マリオ　＋1：18

第7ステージ　5月28日（土）　ローマ〜ペーザロ（298 km）
1. レオーニ、アドルフォ　8：02：06（平均速度37.101km/h ボーナスタイム1：00）
2. マッジーニ、ルイジ　同タイム（ボーナスタイム0：30）
3. パソッティ、アルフレド（ボーナスタイム0：15）
第7ステージ後の総合順位
1. ファツィオ、マリオ　49：24：28
2. ロンコーニ、アルド　＋0：01
3. コットゥール、ジョルダーノ　＋0：26

第8ステージ　5月29日（日）　ペーザロ〜ヴェネツィア（273 km）
1. カソーラ、ルイジ　8：19：07（平均速度32.817km/h ボーナスタイム2：00）
2. レオーニ、アドルフォ　同タイム（ボーナスタイム0：45）
3. リッチ、マリオ（ボーナスタイム0：15）
第8ステージ後の総合順位
1. ファツィオ、マリオ　57：53：35
2. ロンコーニ、アルド　＋0：01
3. レオーニ、アドルフォ　＋0：10

第9ステージ　5月31日（火）　ヴェネツィア〜ウディーネ（249 km）
1. レオーニ、アドルフォ　7：01：20（平均速度36.028km/h ボーナスタイム2：00）
2. パソッティ、アルフレド　同タイム（ボーナスタイム0：30）
3. ペッツィ、ルシアーノ（ボーナスタイム0：15）
第9ステージ後の総合順位
1. レオーニ、アドルフォ　64：53：05
2. ファツィオ、マリオ　＋4：43
3. ロンコーニ、アルド　＋4：44

第10ステージ　6月1日（水）　ウディーネ〜バッサーノ・デル・グラッパ（154 km）
1. コッリエーリ、ジョヴァンニ　3：45：41（平均速度40.942km/h ボーナスタイム1：00）
2. ドーニ、ジュゼッペ　＋1：14（ボーナスタイム0：30）
3. フォルナラ、パスクアーレ（ボーナスタイム0：15）
第10ステージ後の総合順位
1. レオーニ、アドルフォ　68：40：51
2. ファツィオ、マリオ　＋4：43
3. ロンコーニ、アルド　＋4：44

第11ステージ　6月2日（木）　バッサーノ・デル・グラッパ〜ボルツァーノ（237 km）
1. コッピ、ファウスト　8：13：35（平均速度28.809km/h ボーナスタイム3：30）
2. レオーニ、アドルフォ　＋6：58（ボーナスタイム1：15）
3. バルタリ、ジノ（ボーナスタイム1：45）
山岳賞　ロッレ峠　1. バルタリ、ジノ　2. コッピ、ファウスト　3. アストルーア、ジャンカルロ　ポルドイ峠　1. コッピ、ファウスト　2. レオーニ、アドルフォ　3. パソッティ、アルフレド　ガルデナ峠　1. コッピ、ファウスト　2. バルタリ、ジノ　3. レオーニ、アドルフォ
第11ステージ後の総合順位
1. レオーニ、アドルフォ　77：00：09
2. コッピ、ファウスト　+0：28
3. バルタリ、ジノ　+10：11

第12ステージ　6月4日（土）　ボルツァーノ〜モデナ（253 km）
1. コンテ、オレステ　7：21：00（平均速度34.421km/h ボーナスタイム1：30）
2. ベヴィラッカ、アントニオ　同タイム（ボーナスタイム1：30）
3. セゲッツィ、ヴィットリオ（ボーナスタイム0：15）
第12ステージ後の総合順位
1. レオーニ、アドルフォ　84：25：20

2. コッピ、ファウスト　＋0：43
3. バルタリ、ジノ　＋10：26

第13ステージ　6月5日（日）　モデナ〜モンテカチーニ・テルメ（160 km）
1. レオーニ、アドルフォ　5：04：00（平均速度31.579km/h ボーナスタイム1：00）
2. コッピ、ファウスト　同タイム（ボーナスタイム0：45）
3. マルティーニ、アルフレド（ボーナスタイム0：15）
山岳賞　アベトーネ　1. パソッティ、アルフレド　；2. バルタリ、ジノ　；3. コッピ、ファウスト
第13ステージ後の総合順位
1. レオーニ、アドルフォ　89：28：20
2. コッピ、ファウスト　＋0：58
3. バルタリ、ジノ　＋10：56

第14ステージ　6月6日（月）　モンテカチーニ・テルメ〜ジェノバ（228 km）
1. ロッセッロ、ヴィンチェンツォ　6：35：40（平均速度34.573km/h ボーナスタイム1：00）
2. ペドローニ、シルヴィオ　同タイム（ボーナスタイム0：30）
3. ロッセッロ、ヴィットリオ　＋0：06（ボーナスタイム0：15）
山岳賞　ブラッコ峠　1. パソッティ、アルフレド　；2. ローリ、ネード；3. バルタリ、ジノ
第14ステージ後の総合順位
1. レオーニ、アドルフォ　96：06：02
2. コッピ、ファウスト　＋0：58
3. バルタリ、ジノ　＋10：41

第15ステージ　6月7日（火）　ジェノバ〜サンレモ（136 km）
1. マッジーニ、ルチアーノ　3：50：14（平均速度35.442km/h ボーナスタイム1：00）
2. ソルダーニ、レンツォ　同タイム（ボーナスタイム0：30）
3. セゲッツィ、ヴィットリオ　（ボーナスタイム0：15）
第15ステージ後の総合順位
1. レオーニ、アドルフォ　99：56：55
2. コッピ、ファウスト　＋0：58
3. バルタリ、ジノ　＋10：41

第16ステージ　6月9日（木）　サンレモ〜クネオ（190 km）
1. コンテ、オレステ　5：45：43（平均速度32.959km/h ボーナスタイム1：00）
2. リッチ、マリオ　同タイム（ボーナスタイム0：30）
3. トニーニ、オリヴィエロ　（ボーナスタイム0：15）

山岳賞　ナヴァ峠　1. ロッセッロ、ヴィットリオ　；2. バルタリ、ジノ　；3. コッピ、ファウスト

第 16 ステージ後の総合順位

1. レオーニ、アドルフォ　105：43：47

2. コッピ、ファウスト　+ 0：43

3. バルタリ、ジノ　+ 10：11

第 17 ステージ　6 月 10 日（金）　クネオ〜ピネローロ（254 km）

1. コッピ、ファウスト　9：19：55（平均速度 27.218km/h ボーナスタイム 4：00）

2. バルタリ、ジノ　+ 11：52（ボーナスタイム 2：00）

3. マルティーニ、アルフレド　+ 19：14（ボーナスタイム 0：30）

山岳賞　ヴァール峠　1. コッピ、ファウスト　；2. バルタリ、ジノ　；3. ヴォルピ、プリモ　　イゾアール峠　1. コッピ、ファウスト　；2. バルタリ、ジノ　；3. ジョモー、レオン　モンジュネーヴル峠　1. コッピ、ファウスト　；2. バルタリ、ジノ　；3. マルティーニ、アルフレド

第 17 ステージ後の総合順位

1. コッピ、ファウスト　115：00：25

2. バルタリ、ジノ　+ 23：20

3. レオーニ、アドルフォ　+ 26：54

第 18 ステージ　6 月 11 日（土）　ピネローロ〜トリノ（個人タイムトライアル 65km）

1. ベヴィラッカ、アントニオ　1：32：03（平均速度 42.368km/h ボーナスタイム 1：00）

2. コッリエーリ、ジョヴァンニ　+ 1：32（ボーナスタイム 0：30）

3. デ・サンティ、グィド　+ 1：33（ボーナスタイム 0：15）

第 18 ステージ後の総合順位

1. コッピ、ファウスト　116：34：36

2. バルタリ、ジノ　+ 24：32

3. コットゥール、ジョルダーノ　+ 38：12

第 19 ステージ　6 月 12 日（日）　トリノ〜モンツァ（267km）

1. コッリエーリ、ジョヴァンニ 8：51：29（平均速度 30.141km/h ボーナスタイム 1：00）

2. リッチ、マリオ　同タイム（ボーナスタイム 0：30）

3. コッピ、ファウスト（ボーナスタイム 0：15）

山岳賞　マドンナ・ディ・ギサッロ　1. バルタリ、ジノ　；2. パソッティ、アルフレド　；3. マルティーニ、アルフレド

最終総合順位　1. コッピ、ファウスト（ビアンキ）　125：25：50
2. バルタリ、ジノ（バルタリ）　+ 23：47
3. コットゥール、ジョルダーノ（ウィリエール＝トリエスティーナ）　+ 38：27
4. レオーニ、アドルフォ（レニアーノ）　+ 39：01
5. アストルーア、ジャンカルロ（ベノット）　+ 39：50
6. マルティーニ、アルフレド（ウィリエール＝トリエスティーナ）　+ 48：48
7. ブレッシ、ジュリオ（ウィリエール＝トリエスティーナ）　+ 49：14
8. ビアジオーニ、セラフィーノ（ヴィスコンテア）　+ 53：14
9. ローリ、ネード（アルボス）　+ 56：59
10. ペドローニ、シルヴィオ（フレジュス）　+ 1：02：10
11. ファツィオ、マリオ（ボッテッキア）　+ 1：06：10
12. マッジーニ、ルチアーノ（ウィリエール＝トリエスティーナ）　+ 1：12：38
13. シモニーニ、セッティミオ（フレジュス）　+ 1：14：13
14. シェール、フリッツ（ストゥッキ）　+ 1：15：39
15. フランキ、フランコ（フレジュス）　+ 1：17：54
16. ゴルトシュミット、ジャン（フィオレッリ）　+ 1：20：35
17. ヴォルピ、プリモ（アルボス）　+ 1：21：42
18. ロッセッロ、ヴィンチェンツォ（レニヤーノ）　+ 1：22：43
19. ロッセッロ、ヴィットリオ（レニヤーノ）　+ 1：24：13
20. ジョモー、レオン（バルタリ）　+ 1：25：26
21. ペッツィ、ルシアーノ（アタラ）　+ 1：25：44
22. ソルダーニ、レンツォ（レニヤーノ）　+ 1：27：49
23. カッレア、アンドレア（ビアンキ）　+ 1：28：07
24. セラミ、ピノ（ガンナ）　+ 1：29：26
25. パソッティ、アルフレド（ベノット）　+ 1：33：37
26. パスクィーニ、ブルーノ（ビアンキ）　+ 1：38：22
27. ミラノ、エットーレ（ビアンキ）　+ 1：39：46
28. フォルナラ、パスクアーレ（レニアーノ）　+ 1：47：49
29. ブリニョレ、アンジェロ（バルタリ）　+ 1：50：07
30. ドレイ、ウンベルト（ベノット）　+：52：02
31. ロッシ、ディーノ（チマッティ）　+ 1：52：17
32. コッリエーリ、ジョヴァンニ（バルタリ）　+ 1：55：37
33. セゲッツィ、ヴィットリオ（エーデルワイス）　+ 1：57：52
34. チェッキ、エツィオ（チマッティ）　+ 1：58：03
35. マーニ、ヴィットリオ（ボッテッキア）　+ 2：10：47
36. ドーニ、ジュゼッペ（フレジュス）　+ 2：12：06
37. トニーニ、オリヴィエロ（チマッティ）　+ 2：15：56
38. ランベルティーニ、アッティリオ（ヴィスコンテア）　+ 2：16：17

39. アウセンダ、アントニオ（ウィリエール＝トリエスティーナ）　+ 2：17：34
40. ベヴィラッカ、アントニオ（アタラ）　+ 2：23：52
41. クローチ・トルティ、エミリオ（ストゥッキ）+ 2：43：02
42. デ・サンティ、グィド（アタラ）　+ 2：50：07
43. オットゥージ、ディーノ（レニヤーノ）　+ 2：51：14
44. ベッリーニ、エンツォ（バルタリ）　+ 3：06：08
45. バルドゥッチ、アルマンド（フレジュス）　+ 3：09：16
46. コッピーニ、エンツォ（ボッテッキア）　+ 3：28：22
47. パオリエリ、マルチェロ（アルボス）　+ 3：36：33
48. セルヴァデイ、グラウコ（ヴィスコンテア）　+ 3：39：50
49. リッチ、マリオ（ヴィスコンテア）　+ 3：40：27
50. ボニーニ、ヴァレリオ（ベノット）　+ 3：42：40
51. ザナッツィ、ヴァレリアーノ（アルボス）　+ 3：51：09
52. ミッシーネ、ロヒェル（ガンナ）　+ 3：52：42
53. フロジーニ、ルチアーノ（レニアーノ）　+ 3：53：26
54. デッラ・ジュスティーナ、フェルナンド（ストゥッキ）　+ 3：56：07
55. コッピ、セルセ（ビアンキ）　+ 4：57：04
56. ピナレッロ、ジョヴァンニ（ストゥッキ）　+ 4：42：20
57. ファツィオ、アルフィオ（ボッテッキア）　+ 4：57：04
58. クリッパ、サルヴァトーレ（ビアンキ）　+ 4：59：50
59. ブラソーラ、アンニバーレ（ボッテッキア）　+ 5：01：17
60. フルケーリ、ピエトロ（エーデルワイス）　+ 5：10：28
61. コンテ、オレステ（ビアンキ）　+ 5：51：37
62. ズッコッティ、プリモ（フィオレッリ）　+ 6：18：39
63. ベンソ、マリオ（バルタリ）　+ 7：41：58
64. マラブロッカ、ルイジ（ストゥッキ）　+ 7：47：26
65. カロッロ、サンテ（ウィリエール＝トリエスティーナ）　+ 9：57：07

山岳賞　1. コッピ、ファウスト　46 ポイント
2. バルタリ、ジノ　41 ポイント
3. パソッティ、アルフレド　23 ポイント
4. アストルーア、ジャンカルロ　14 ポイント
5. ジョモー、レオン　12 ポイント

チーム賞　1. ウィリエール＝トリエスティーナ

無所属選手賞（マリア・ビアンコ）　1. アストルーア、ジャンカルロ
2. ビアジオーニ、セラフィーノ
3. ペドローニ、シルヴィオ
4. ファツィオ、マリオ
5. シモニーニ、セッティミオ

Dino Buzzati　1906-1972

20世紀イタリアを代表する作家。その作風からイタリアのカフカとも称される。コッリエーレ・デッラ・セーラ紙の記者を続けながら作家として多数の作品を発表した。「山のバルナボ」「古森の秘密」「タタール人の砂漠」「ある愛」短篇集「七人の使者」など。

あんけ　たつや

1956年生まれ。中央大学、青山学院大学非常勤講師。リルケ協会 (Rilke-Gesellschaft) 会員。Ein japanischer Rilke-Nachruf, (Blätter der Rilke-Gesellschaft Bd.35, 2020), 訳書にハンス・ヘニー・ヤーン『岸辺なき流れ』(2014　共訳)、ベンヨ・マソ『俺たちはみんな神さまだった』(2017)、リルケ『若き詩人への手紙』(2022) など。

ブッツァーティのジロ帯同記

1949年、コッピ対バルタリのジロ・ディ・イタリアを追う

2023年1月10日初版印刷
2023年1月25日初版発行

著者　ディーノ・ブッツァーティ
訳者　安家達也
発行者　飯島徹
発行所　未知谷
東京都千代田区神田猿楽町2丁目5-9　〒101-0064
Tel. 03-5281-3751 / Fax. 03-5281-3752
［振替］　00130-4-653627

組版　柏木薫
印刷所　モリモト印刷
製本所　牧製本

Publisher Michitani Co. Ltd., Tokyo
Printed in Japan
ISBN 978-4-89642-680-9　C0098